Leonhard F. Seidl

111 Orte in der Frankenhöhe, die man gesehen haben muss

Mit Fotografien von Heinz Wraneschitz

emons:

Bibliografische Information der Deutschen Nationalbibliothek
Die Deutsche Nationalbibliothek verzeichnet diese Publikation
in der Deutschen Nationalbibliografie; detaillierte bibliografische
Daten sind im Internet über http://dnb.d-nb.de abrufbar.

© Emons Verlag GmbH
Alle Rechte vorbehalten
© der Fotografien: Heinz Wraneschitz, außer:
Ort 28, 81: Leonhard F. Seidl;
Ort 71: Andrea Sichert, Kletterwald Rothenburg;
Ort 73: Judith Schlumberger-Steger, Kulturerbe Bayern;
Ort 101: pixabay.com/Onkelglocke
© Covermotiv: shutterstock.com/Rudmer Zwerver
Layout: Eva Kraskes, nach einem Konzept
von Lübbeke | Naumann | Thoben
Kartografie: altancicek.design, www.altancicek.de
Kartenbasisinformationen aus Openstreetmap,
© OpenStreetMap-Mitwirkende, ODbL
Druck und Bindung: CPI – Clausen & Bosse, Leck
Printed in Germany 2023
ISBN 978-3-7408-1230-0

Unser Newsletter informiert Sie
regelmäßig über Neues von emons:
Kostenlos bestellen unter
www.emons-verlag.de

Vorwort

»Die Frankenhöhe blaut in weitem Umkreis um die Stadt. Am westlichen Rand des fruchtbaren, der Frankenhöhe vorgelagerten Graustreifens liegt Rothenburg. Jäh am Rande dieses Streifens. Was unterhalb der Stadtmauern Rothenburgs in der ›Klinge‹, die die Tauber gesägt und gefressen hat, liegt, ist landschaftlich, geologisch und zum großen Teil auch botanisch eine neue Welt. Bisher sanftwellige Höhen, weite Gaue und träge dahin schleichende Flüsse, jetzt wilde Romantik, schluchtartige Täler und Seitentäler mit schäumenden Wassern«, hält Hans Scherzer anno 1920 fest und zeichnet damit die vielgestaltige Frankenhöhe. Immer wieder schieben sich in der Eiszeit geformte Hügel in die Landschaft, fallen zu schroffen und sanften Talrücken ab. Sei es im wildromantischen Schandtaubertal oder vom Erdkegel des Petersberges aus. Inmitten dieses Naturreigens wirkte auch Friedrich Hessing, der Erfinder der Beinprothese, der das eindrückliche Wildbad bei Rothenburg zum Kurbad erheben wollte.

Auf der Frankenhöhe findet sich auch der gleichnamige Naturpark, der lediglich ein Teilgebiet umfasst und in dem versucht wird, den Bedürfnissen von Mensch, Kultur und Natur gerecht zu werden, die letztlich unweigerlich miteinander verknüpft sind. Da schießt der Eisvogel über die Tauber, da hüten die Schafe den Magerrasen, damit Schmetterlinge darauf Nahrung finden, da werden traditionelle Steinriegel aus dem Weinbau wieder von Hand ausgebessert und neu errichtet, damit die »Steinrassel«, die von den Einheimischen so genannte Echse, ein Zuhause findet, da blüht die seltene Küchenschelle. Von Rothenburg bis ins Baden-Württembergische, bis nach Obernzenn im Zenntal und nach Burgbernheim, von wo aus man über die Windsheimer Bucht bis in den Naturpark Steigerwald schauen kann. In der Frankenhöhe kann man wahrlich Tage erleben, in denen Seelenruhe herrscht.

111 Orte

1___ Das Gasthaus Holdermühle | Archshofen/Creglingen
Das Gasthaus auf der Grenze | 10

2___ Die Archäologischen Fenster | Bad Windsheim
Ein mittelalterlicher Tatort | 12

3___ Die Frankentherme | Bad Windsheim
Dem Himmel so nah | 14

4___ Das Fränkische Freilandmuseum | Bad Windsheim
Ritter, Schafe und Erntedank | 16

5___ Der Georg-Wilhelm-Steller-Weg | Bad Windsheim
Der Humboldt des Nordens | 18

6___ Das Gradierwerk | Bad Windsheim
Eine Atemoase der Ruhe | 20

7___ Der Naturerlebnispfad | Bad Windsheim
Hinaus in die Welt | 22

8___ Der Weinturm | Bad Windsheim
Das fränkische Woodstock | 24

9___ Der Frohsinnshof | Bad Windsheim-Oberntief
Vergessene Welten | 26

10___ Die Schandtauberquelle | Bettenfeld
Die größte Muschelkalkhöhle Süddeutschlands | 28

11___ Der Alte Bahnhof | Bockenfeld
Oder: Warten auf den Schah von Persien | 30

12___ Die Streuobstwiese | Burgbernheim
Kulturgut der Römer mit Bienen ohne Hofstaat | 32

13___ Die Windsheimer Bucht | Burgbernheim
Blick in die Welt | 34

14___ Die Aischquelle | Burgbernheim/Schwebheim
Zu Besuch an der Fischquelle | 36

15___ Das Teufelshäuschen | Burgbernheim/Wildbad
Ausblick über Burgbernheim bis in den Steigerwald | 38

16___ Die Burg | Colmberg
Die Raubritterburg auf der Frankenhöhe | 40

17___ Die Wurzeln von Billy Joel | Colmberg
The Piano Man | 42

18___ Der Riemenschneider-Altar | Detwang
Trauung vor dem Traueraltar | 44

19 — Der Gustav-Adolf-Krauß-Gedenkstein | Diebach
Der Forstzögling der Frankenhöhe | 46

20 — Die Freilichtbühne | Diebach-Oberoestheim
Freud und Leid unter freiem Himmel | 48

21 — Der Aussichtspunkt | Diebach-Unteroestheim
Blick über die Frankenhöhe | 50

22 — Das Bodenlose Loch | Diebach-Unteroestheim
Ein ausgezeichnetes Geotop | 52

23 — Das Schäfermuseum | Diebach-Unteroestheim
Deutschlands kleinstes Schäfermuseum | 54

24 — Der Hirtenhof-Spielplatz | Dietenhofen
Wie die Schäfer | 56

25 — Das Sühnekreuz | Dombach im Loch
Gedenken an eine Moritat | 58

26 — Der Erlebnispark Natur und Teich | Dombühl
Klassenzimmer im Grünen | 60

27 — Das Naturerlebnisbad | Dombühl
Ökologisch baden | 62

28 — Der Fjord | Endsee
Biberspuren im Lehm | 64

29 — Der Gipsbruch | Endsee
Die blaue Lagune | 66

30 — Das Hainbuchenlabyrinth | Flachslanden
Geschichtsträchtiger Grünstreifen | 68

31 — Der Steinbruch | Gailnau
Geologisches Geschichtsbuch der Erde | 70

32 — Das Naturschutzgebiet Kühberg | Gastenfelden
Blick ins ehemals geteilte Land | 72

33 — Der Mohrenhof | Geslau / Lauterbach
Unter Alpakas und Hühnern | 74

34 — Der Turm der Landhege | Großharbach
Auf den Spuren des Hegereiters | 76

35 — Die historische Grenze | Hohenlohe-Schillingsfürst
Stumme Zeugen der Rothenburger Landhege | 78

36 — Die Kreuzeiche | Hürbel am Rangen
Die Königin der Bäume | 80

37 — Der Weinwanderweg | Ipsheim
Bacchus auf den Fersen | 82

38 — Die Keltenschanze | Langensteinach
Vorsicht, fliegende Römer! | 84

39 ___ Der Wasserscheideweg | Lengenfeld
Apfel, Birne und Pflaume zu Wasser lassen | 86

40 ___ Die Wasserburgruine | Leonrod/Dietenhofen
Zurück in die Vergangenheit | 88

41 ___ Der Flugpionier | Leutershausen
Hoch hinaus | 90

42 ___ Das Mosaikhaus | Leutershausen
Die Welt zu Gast bei Burkhard Rühl | 92

43 ___ Der Kinderwald | Markt Erlbach
Eine zauberhafte Welt erschaffen | 94

44 ___ Der Naturlehrpfad | Markt Erlbach
Alleinheit mit der Natur | 96

45 ___ Der Petersberg | Marktbergel
Das Gipfelkreuz auf der Frankenhöhe | 98

46 ___ Die Stadtmauer | Neuhof an der Zenn
Umgeben von alten Steinen | 100

47 ___ Das Wasserschloss | Neuhof an der Zenn
Granatapfelblüte und Gastfreundschaft | 102

48 ___ Die Neusitzer Steige | Neusitz
Ein Mord und seine Folgen | 104

49 ___ Das Landesluftbildzentrum | Neustadt an der Aisch
Über den Wolken | 106

50 ___ Der wiederauferstandene Landturm | Neustett
Wo das Öl floss | 108

51 ___ Die Burgruine | Nordenberg
Herrschaftsreste nahezu himmelhoch | 110

52 ___ Der ehemalige Feldflugplatz | Oberscheckenbach
Das verborgene Museum | 112

53 ___ Der Erdrutsch | Obergailnau
Die Macht der Erde | 114

54 ___ Das Blaue und das Rote Schloss | Obernzenn
Adel verpflichtet | 116

55 ___ Die Fingalshöhle | Obernzenn
Der Sehnsuchtsort der Romantik | 118

56 ___ Der Obernzenner See | Obernzenn
Die fränkische Adria | 120

57 ___ Der Glaubensweg | Ohrenbach
Sich auf den Weg machen | 122

58 ___ Die Schwarze Schar | Ohrenbach
Bauernrevolte für Freiheit und Gerechtigkeit | 124

59 Der Geschichts- und Waldlehrpfad | Reichardsroth / Ohrenbach
Keiler Rudi, Schmuggler und der Eisvogel | 126

60 Die Modelleisenbahn | Reichelshofen
Auf der Frankenhöhe durchs Gotthardmassiv | 128

61 Das Blinktal | Rothenburg ob der Tauber
Schwarzspecht und Wasseramsel | 130

62 Das Café Einzigartig | Rothenburg ob der Tauber
Süßer Trödel | 132

63 Die Eiswiese | Rothenburg ob der Tauber
Open-Air-Feeling pur | 134

64 Das Geburtshaus des Lyrikers Wilhelm Staudacher | Rothenburg ob der Tauber
Die Seele der Stadt | 136

65 Die Gipsmühle | Rothenburg ob der Tauber
Eisvogel und Vereinigung | 138

66 Die Greifvogel Auffangstation | Rothenburg ob der Tauber
Hilfe für Greifvögel und Eulen, Rat für Menschen | 140

67 Der Große Lindleinsee | Rothenburg ob der Tauber
Die Natur verteidigen | 142

68 Die Hammerschmiede | Rothenburg ob der Tauber
Die Kraft des Wassers | 144

69 Das Hotel Eisenhut | Rothenburg ob der Tauber
Wo der Schah und Farah Diba nächtigten | 146

70 Das Hotel Goldener Hirsch | Rothenburg ob der Tauber
Filmkulisse und Blauer Salon | 148

71 Der Kletterwald | Rothenburg ob der Tauber
Fliegen zwischen Wipfeln und Wurzeln | 150

72 Der Lotos-Garten | Rothenburg ob der Tauber
Im Garten der Achtsamkeit ruhen | 152

73 Die Mikwe | Rothenburg ob der Tauber
Das einzigartige jüdische Rothenburger Ritualbad | 154

74 Das Mittelalterliche Kriminalmuseum | Rothenburg ob der Tauber
Von Daumenschrauben und Prangern | 156

75 Das Plönlein | Rothenburg ob der Tauber
Der Weltstar unter den Sehenswürdigkeiten | 158

76 Die Skisprungschanze | Rothenburg ob der Tauber
Engelsburg der Kelten | 160

77 Das Topplerschlösschen | Rothenburg ob der Tauber
Das älteste bekannte »Wochenendhaus« | 162

78 Urlaub im Fachwerkhaus | Rothenburg ob der Tauber
Das alte Pumpenhaus oder Naysis Place | 164

79 — Das Wildbad | Rothenburg ob der Tauber
Das Kurbad des Erfinders der Beinprothese | 166

80 — Die Kuhschellenwiese | Rothenburg ob der Tauber / Ruhbachtal
Steppenboten | 168

81 — Die Papiermühle | Rothenburg ob der Tauber / Schandtaubertal
Gefängnis und Brennen für Papier | 170

82 — Das Feldbahnmuseum | Rügland
Auf Gleisen aus ganz Europa unterwegs | 172

83 — Die Burgruine »Mausoleum« | Rügland / Rosenberg
Hoch lebe die Phantasie! | 174

84 — Der Badesee Fischhaus | Schillingsfürst
Badevergnügen in der Natur | 176

85 — Das Ludwig-Doerfler-Museum | Schillingsfürst
Der malende Polizist | 178

86 — Das Museum der Jenischen Sprache | Schillingsfürst
Von Wanderarbeitern und einer Geheimsprache | 180

87 — Die Ochsentretanlage | Schillingsfürst
Ein frühes Wunder der Technik | 182

88 — Die Filialkirche St. Sixtus | Schillingsfürst / Faulenberg
Eine wehrhafte Kirche | 184

89 — Die Schwarze Madonna | Schweinsdorf
Fremd bin ich eingezogen | 186

90 — Die Spinnerin | Schweinsdorf
Morde und andere Moritaten | 188

91 — Das Tiefenbachtal | Steinach bei Rothenburg ob der Tauber
Am Fuße der Frankenhöhe | 190

92 — Landwehr-Bräu | Steinsfeld
Regionaler Hopfen und nachhaltiges CO_2 | 192

93 — Die Heckenwirtschaft | Tauberzell
Wo Gastfreundschaft noch großgeschrieben wird | 194

94 — Das Barockschloss | Trautskirchen
Adeliges Gehöft im Nationalpark Frankenhöhe | 196

95 — Das Geburtshaus des Hans Böckler | Trautskirchen
Mitbegründer des Deutschen Gewerkschaftsbundes | 198

96 — Das Schloss Unternzenn | Unternzenn
Ein Fass ohne Boden | 200

97 — Die Kirche St. Jakobus und St. Nikolaus | Urphertshofen
Das Geschlecht der Esel | 202

98 — Die Waldstation | Urphershofen
Völlig eingelassen in die Natur … | 204

99 — Die Burg Virnsberg | Virnsberg
Riesen, Nazis und ein Bordell auf der Frankenhöhe | 206

100 — Das Heilige Grab | Virnsberg
Das Karwochen-Kulissengrab | 208

101 — Die Wanderung der Feuersalamander | Vorbach
Amphibien haben Vorfahrt! | 210

102 — Lug ins Land | Wachsenberg
Blick auf Rothenburg und ins Württembergische | 212

103 — Der Henkersbrunnen | Wettringen
Blutige Geschichte | 214

104 — Die Tauberquelle | Wettringen
Die Quelle, die keine ist | 216

105 — Der Naturpark Frankenhöhe | Windelsbach-Nordenberg
Mensch und Natur dienen | 218

106 — Die Old West Ranch | Windelsbach-Nordenberg
Abenteuer und Freiheit auf der Frankenhöhe | 220

107 — Der Zeltplatz Nepermuk | Windelsbach-Nordenberg
Unter Freunden | 222

108 — Der Drechselstein | Wolfsau
Ermordet von einem Wilderer!? | 224

109 — Das Jagdschloss | Wolfsau
Französische Revolution auf der Frankenhöhe | 226

110 — Das Waldklassenzimmer | Wörnitz
Lernen in der freien Natur | 228

111 — Die Wüstung | Zennhausen – Neuhof an der Zenn
Verschwundene Siedlung im Zenngrund | 230

ARCHSHOFEN/CREGLINGEN

1 Das Gasthaus Holdermühle
Das Gasthaus auf der Grenze

Es kann passieren, dass die Grenze zwischen Bayern und Baden-Württemberg genau zwischen zwei Liebenden verläuft. Aber was wird es Sie kümmern, wenn Sie nach der kleinen Radtour vom weltberühmten Rothenburg bei einem Glas Tauberwein in der Schankstube des Gasthaus Holdermühle sitzen. Sind Sie doch auf einem der schönsten Radwege, »Liebliches Taubertal«, hierhergeradelt, durch ein einzigartiges Tal, an zahlreichen Mühlen vorbei, die mäandernde Tauber entlang. Aufgrund der geringen Anstiege ist er für Menschen jeden Alters zu bewerkstelligen.

Schon wenn man seinen Drahtesel vor dem »Gasthaus auf der Grenze« abstellt, sieht man das Grenzerhäuschen, durch das die Landesgrenze ebenso verläuft wie kurioserweise direkt durch den Schankraum. Leider ist davon heute nichts mehr zu sehen – zuvor verlief tatsächlich ein Strich mitten durch die Wirtsstube des denkmalgeschützten Gebäudes. Doch das tut der Gastlichkeit in dem von den jungen Pächtern Tobi und Franzi rundweg renovierten einstigen Hof keinen Abbruch. Dabei haben sie ganze Arbeit geleistet – oder, wie es Wirt Toni zu sagen pflegt: »Einmal alles komplett auf linksherum gedreht.« Beim Gang auf die Männertoilette dürften einem die für die verschiedenen Getränkesorten beschrifteten Pissoirs zumindest ein Schmunzeln hervorlocken: »Wir bitten um sortenreine Trennung: Wein – Bier – Schnaps.«

Wer die Mühle, die direkt an Rad- und Wanderwegen und der Romantischen Straße zwischen Rothenburg und Creglingen liegt, als Ausgangspunkt für weitere Erkundungen in die Umgebung nutzen möchte, auf den warten gemütliche Zimmer. Ein großer Spielplatz, mit Sandkasten und Sonnensegel, lässt den Eltern Zeit für ein weiteres Bier, falls sie die Kindererziehung an ihre Grenzen gebracht hat, und schenkt den Kindern kurzweilige Stunden.

Adresse Gasthaus Holdermuhle, Inhaber: Tobi und Franzi, Holdermühle, 97993 Creglingen, Tel. 07933/912317, www.gasthaus-holdermuehle.de | **Anfahrt** Am schönsten mit dem Fahrrad ab Rothenburg ob der Tauber durchs liebliche Taubertal über Detwang, Steinbach, Bettwar, Tauberzell. Kurz nach dem Ort kommt links die Brücke zur Holdermühle. | **Öffnungszeiten** Winterpause 1. Dez.–1. Apr. 2023 Do/Fr 15–20 Uhr, Sa 14–21 Uhr, So 11–20 Uhr | **Tipp** Informieren Sie sich auf der Internetseite über Feiern außerhalb der Öffnungszeiten, wie zum Beispiel für das Event »Grill und Glühwein«.

2 Die Archäologischen Fenster

Ein mittelalterlicher Tatort

»Nur wer weiß, woher er kommt, weiß, wohin er geht«, besagt ein altes Sprichwort. Was für ein Glück, dass die Bad Windsheimer auf ein Gräberfeld und Kellerreste hochrangiger Gebäude des 8. bis 15. Jahrhunderts stießen, als sie den Marktplatz neu gestalteten. Diese Fundstücke können samt äußerst sehenswerter Ausstellung von oben durch vier »Archäologische Fenster« jederzeit betrachtet werden. Sie sollten aber unbedingt an einer Führung teilnehmen, um die einzigartige Dauerausstellung aus der Nähe betrachten zu können.

Der ganze Raum besteht aus altem Mauerwerk, das den Geist der Vergangenheit atmet und einen sofort beim Eintritt in die Katakomben umhüllt. Es begrüßt uns ein aus spitzkantigen Felsen gemauerter, vergitterter Brunnen, der in die erleuchtete Tiefe führt. Man erfährt etwas über die Bausubstanz damaliger Häuser, die, so es sich die Besitzer leisten konnten, aus beschlagenen Gipssteinen gebaut wurden, die vermutlich aus der Region stammten. Bei den hinteren Gebäudebereichen dagegen wurde die sogenannte Schütttechnik angewandt, bei der die Fächer im Fachwerk ausgemauert wurden.

Auch der Humor kommt nicht zu kurz. So ist auf einer Zeichnung von 1564 ein entsetzter Mönch zu sehen, der auf dem Weg zum »Abtritt« zum doppelsitzigen »Abort« stürzt, über ihm Stroh als Toilettenpapier. Mann und auch Frau konnten also schon damals gemeinsam auf die Toilette gehen und den neuesten Tratsch austauschen – und das sogar ohne trennende Wand. Die Müllabfuhr regelten im Mittelalter sogenannte Pappenheimer oder Nachtmeister, welche den in aufgegebenen Kellerräumen entsorgten Müll entleerten. Außerdem sind zahlreiche Alltagsgegenstände hinter Vitrinen zu bestaunen, wie ein Nuppenbecher aus Glas oder ein Angelhaken aus frühmittelalterlichem Buntmetall.

Spannend wird es in der Vitrine mit den »Bauopfern«. Ein Tatort?

Adresse Marktplatz 1, 91438 Bad Windsheim | **ÖPNV** vom Bahnhof Bad Windsheim in die Altstadt | **Anfahrt** von Westen A 7, Ausfahrt Bad Windsheim, von Osten B 470 ab Neustadt an der Aisch beziehungsweise B 8 ab Nürnberg | **Öffnungszeiten** Mo – Fr 8.30 – 12 Uhr und 13 – 16.30 Uhr; Sa 10 – 14 Uhr; So / Feiertag 10 – 12 Uhr | **Tipp** Nehmen Sie sich die Zeit, um den schlossartigen Barockbau des Windsheimer Rathauses zu betrachten. Handwerker errichteten es von 1713 bis 1717.

3 Die Frankentherme
Dem Himmel so nah

Sich treiben lassen, das ist in der Bad Windsheimer Frankentherme keine abgegriffene Floskel. Man kann sich tatsächlich in den Salzsee legen, alle viere von sich strecken, den Blick in den Wolken. Und schon schwebt man im Wasser, kann sich wärmen und treiben lassen, spürt die Schwerelosigkeit. Dies ist möglich durch den 26,9-prozentigen Solegehalt im Salzsee, einer der höchsten in ganz Europa. Damit einem in der naturnah gestalteten Umgebung der Sternenhimmel nicht auf den Kopf fällt, sorgt eine Kuppel für einen einzigartigen Ausblick auf den Sternenhimmel. Und wer es weniger salzig mag, kann sich in den Thermal-Sole-Becken mit Salzkonzentrationen von eineinhalb bis zwölf Prozent und Temperaturen zwischen 30 bis 36 Grad Celsius laben. Frisch gesalzen, kann man in der abwechslungsreichen Saunalandschaft entspannen: zu Zirbenduft in der Zirbensauna oder zu edlen verdampften Kräutern im sogenannten Brechelbad. Wirkliche Ruhe findet man in dem vom Außenbereich zugänglichen »Schlafraum«.

Sowohl auf »Travelcircus« als auch im »Saunaportal« holt die Therme regelmäßig unter Hunderten Thermen die vordersten Plätze. Aus gutem Grund: In der Bad Windsheimer Therme kann man in der »Sinn-fonie« mit allen Sinnen eine Auszeit genießen. Wie wäre es mit einer Multimedia-Lasershow über dem Wasser? Zum Beispiel zu den stimmlichen, eigens für die Therme komponierten Chorpassagen des international anerkannten Windsbacher Knabenchors, welche die vier Elemente Feuer, Wasser, Erde und Luft in Verbindung mit Salz aufgreifen. Oder mit »KEEP ON ROCKIN – Ein Medley aus Klassikern der Rockgeschichte«?

Die Sole enthält übrigens auch ökologische Regionalität vom Feinsten: Denn nur 200 Meter von der Therme entfernt wird der rund zwölf Meter dicke Salzstock mit Heilwasser ausgeschwemmt. Und wem das noch nicht genügend Wellness ist, der kann sich bei einem Kosmetikprogramm oder einer Massage verwöhnen lassen.

Adresse Erkenbrechtallee 10, 91438 Bad Windsheim | **ÖPNV** vom Bahnhof Bad Windsheim bis Bad Windsheim, dann kurzer Fußweg | **Anfahrt** von Westen A 7, Ausfahrt Bad Windsheim, von Osten B 470 ab Neustadt an der Aisch beziehungsweise B 8 ab Nürnberg | **Öffnungszeiten** Mo–So 9–22 Uhr, Saunalandschaft und Wellnessbereich ab 10 Uhr geöffnet | **Tipp** Um 11, 15 und 19 Uhr wird die Badehalle 4 im Hochsolebereich für 15 Minuten zur »Sinn-fonie«. Seien Sie pünktlich, sonst ist der Eingang leider verschlossen.

BAD WINDSHEIM

4 — Das Fränkische Freilandmuseum
Ritter, Schafe und Erntedank

Einen ganzen Tag kann man im Fränkischen Freilandmuseum am Rande der Stadt Bad Windsheim verbringen, so weitläufig ist das Gelände mit seinen 45 Hektar und 125 historischen Gebäuden, die stetig erweitert werden. Zwischen idyllischen Bachläufen, die auf Holzbrücken überquert werden können, Obstwiesen und Kräuterbeeten befinden sich Häuser, die übersichtlich in die verschiedenen Regionen Frankens eingeteilt sind. Denn das Museum präsentiert mit seinen 120 Häusern und Bauten des ländlichen, dörflichen und kleinstädtischen Lebens die gesamte fränkische Region: Ober-, Unter- und Mittelfranken. Darunter sind Wohnhäuser, Bauernhöfe, Schäferschlupfwagen und sogar ein Schafstall. Eröffnet wurde es 1982 vom Förderverein Fränkisches Freilandmuseum e. V. Versüßt werden die historischen Bauten mit 37 Dauerausstellungen und Informationszellen, die sich um alte Berufe wie den Schuhmacher oder den Schäfer ranken oder auch um ganz praktische Fertigkeiten wie das Arbeiten in einer Ölmühle oder das Bierbrauen. Aber auch die Wechselausstellungen, beispielsweise mit Karikaturen, können sich sehen lassen.

Außerdem kann man wie in alten Zeiten Ziegel mit den persönlichen Initialen brennen oder anderes Kunsthandwerk erproben. Um den Abschluss zu krönen, sollte man mindestens noch den historischen Bauhof besuchen, wo gerade das »Hinterhaus aus Eichstätt«, ein Höhepunkt, auf die Besucher wartet, »eines der ältesten Fachwerkbauten« Deutschlands.

Und wer vom Ziehen des Bollerwagens, der am Eingang für die Kleinsten gemietet werden kann, Hunger und Durst bekommen hat, der kann sich in der historischen Wirtschaft am Kommunbrauhaus stärken. Oder er breitet seine Picknickdecken auf den ausgewiesenen Freiflächen aus. Gerade der Herbst bietet sich für einen Besuch an. Da sind die saftigen Früchte reif und finden die Mittelaltertage statt.

Adresse Eisweiherweg 1, 91438 Bad Windsheim | **ÖPNV** vom Bahnhof Bad Windsheim durch den Kurpark | **Anfahrt** von Westen A 7, Ausfahrt Bad Windsheim, von Osten B 470 ab Neustadt an der Aisch beziehungsweise B 8 ab Nürnberg | **Öffnungszeiten** März–Okt. 9–18 Uhr; Nov.–3. Advent werktags 10.30–16 Uhr, So/Feiertag 10–16.30 Uhr; Mo immer geschlossen | **Tipp** Im Museum werden auch interessante Handwerkskurse angeboten, über die Sie sich auf der Internetseite informieren können.

5 Der Georg-Wilhelm-Steller-Weg
Der Humboldt des Nordens

Gleich mehrfach für tot erklärt wurde der große Sohn der Stadt Bad Windsheim, der am 10. März 1709 als Georg Wilhelm Stöller das Licht der Welt erblickte: von der Hebamme nach seiner Geburt und während seiner Alaskaexpedition, als er übermächtig verspätet zurückkehrte und sein Hab und Gut bereits veräußert worden war. Da ihm nach dem Gymnasium und dem Studium unter anderem der Medizin, Botanik und Zoologie in Deutschland keine universitäre Laufbahn möglich war, schrieb er sich an der Uni in Moskau ein und änderte seinen Namen in Steller.

Im Zuge der russischen Großmachtpolitik von Zar Peter I. reiste er mit der Großen Nordischen Expedition (1733–1743) nach Kamtschatka, da von von keinem Geringeren als dem dänischen Kapitän Vitus Bering ein Schiffsarzt gesucht wurde. So brach er mit der zweiten Amerikaexpedition von Kamtschatka in das bis zu dem Zeitpunkt unentdeckte Alaska auf und setzte als erster Europäer einen Fuß auf Alaska beziehungsweise auf die vorgelagerte Insel Kayak. Dort sichtete er unter anderem den Schwarzkopfhäher, der nach ihm benannt ist: *Cyanocitta stelleri*. »Die Zeit, welche hier zu Untersuchungen angewendet ward, hatte mit den Zurüstungen ein arithmetisches Verhältnis; zehn Jahre währte die Vorbereitung zu diesem großen Endzweck, zehn Stunden wurden der Sache selbst gewidmet«, notierte er dort frustriert. Auf weiteren Expeditionen durch Kamtschatka verlor der Abenteurer Steller schon mal sein Hundegespann und musste von Eisscholle von Eisscholle springen, um sich zu retten.

Der Stellerweg führt an Lebenswegmarken vorbei und damit zu den Wurzeln dieses Weltenbürgers, der sich wegen einer Anklage vor einem russischen Gericht verantworten musste, weil er sich für die Rechte der Ureinwohner Kamtschatkas einsetzte, über die er schrieb: »Die Itelmenen wissen gar wohl, dass die Welt nicht von Ewigkeit sei.«

Adresse Der Stellerweg kann an verschiedenen Orten begonnen werden. Er führt von der Franken-Therme durch die historische Altstadt zum Fränkischen Freilandmuseum. Startempfehlung: Rathaus, Marktplatz 1, 91438 Bad Windsheim | **ÖPNV** vom Bahnhof Bad Windsheim in die Altstadt | **Anfahrt** von Westen A 7, Ausfahrt Bad Windsheim, von Osten B 470 ab Neustadt an der Aisch beziehungsweise B 8 ab Nürnberg | **Tipp** Laden Sie sich die App zum Stellerweg unter www.stellerweg.de/das-erlebnis herunter oder lesen Sie ganz analog sein Werk. Empfohlen: »Beschreibung von dem Lande Kamtschatka«.

6 — Das Gradierwerk
Eine Atemoase der Ruhe

Wie eine Insel der Seligen mutet der runde, im asiatischen Stil errichtete Pavillon am Rande des Bad Windsheimer Kurparkes an. Die Bänke, die ihn umarmen, laden zum Verweilen ein. Lässt man sich im Hochsommer darauf nieder und bewundert die unebene Wand aus Ästen, reibt man sich erst einmal die Augen, wenn man nicht weiß, was man da vor sich hat: Eis? Im Hochsommer? Doch liest man die Informationstafel am Eingang, erfährt man, dass über die dunkelbraunen Zweige Salzwasser hinabfließt, weshalb sich mit der Zeit darauf und auch am Boden Salzkristalle gebildet haben.

An heißen Tagen halten die Zweige die Hitze ab, und es lässt sich auf einer der kreisrund angeordneten Bänke gut aushalten. Da das Wasser auch die Bank sprenkelt, sei eine Unterlage empfohlen, um nach der erholsamen halben Stunde keine böse Überraschung zu erleben. Denn wer möchte schon als Pökelfleisch enden? Lässt man sich darauf ein und atmet bewusst tief die feucht-salzige Luft ein, wird man umgehend feststellen, welch beruhigende Wirkung die solehaltige Luft hat. Früher wurden die Gradierbauten, auch Salinen genannt, verwendet, um Salz zu gewinnen. Damals rann an hohen Gerüsten voller Reisigbündel die Sole hinab, und es wurden Salzkristalle gesammelt, die getrocknet wurden.

Ein ganzes Bündel an gesundheitsfördernden Wirkungen wird dem Salzbad zugeschrieben: schleimlösende, entzündungshemmende Effekte, ein vitalisierendes Moment für das vegetative Nervensystem und vieles mehr. Falls für Sie nichts darunter ist, gönnen Sie sich doch einfach eine halbe Stunde Atemzeit. Denn wie ein Sprichwort sagt: »Ein gesunder Geist hat einen leichten Atem.«

Nach dem erholsamen Bad für die Atemwege können Sie noch ein Weilchen auf einer der Bänke am Ufer des Teiches rasten und den Libellen zusehen oder beobachten, wie der Wind, der »Atem der Welt«, durch das Schilf und die Lindenblätter weht.

Adresse Erkenbrechtallee 1, 91438 Bad Windsheim | **ÖPNV** vom Bahnhof Bad Windsheim über die Brücke durch den Kurpark | **Anfahrt** von Westen A 7, Ausfahrt Bad Windsheim, von Osten B 470 ab Neustadt an der Aisch beziehungsweise B 8 ab Nürnberg | **Tipp** Gönnen Sie sich doch noch eine Kneippkur im Fuß- oder Armbadebecken. Zur Info vorab: www.bad-windsheim.de/stadt-mit-tradition/sehenswuerdigkeiten/einzelansicht/gradierwerk.

BAD WINDSHEIM

7 — Der Naturerlebnispfad
Hinaus in die Welt

Die Brücke über die Bahngleise führt einen nicht nur in den Kurpark von Bad Windsheim, sondern in die große weite Welt. Der saftig grüne Park mit den unzähligen farbenprächtigen Blumen beherbergt das Erbe des Weltenwanderers und Sohnes der Stadt Georg Wilhelm Stöller, der sich in Russland in Steller umbenannte, damit sein Name besser verstanden wurde. Die Expeditionen des Arztes, Ethnologen und Naturforschers wurden hier in einen kurzweiligen Naturerlebnispfad gebannt und für Kinder und Erwachsene gleichermaßen erlebenswert gemacht.

Vom Bahnhof kommend, empfängt einen zunächst die letzte Station, der Apothekergarten. Er kann durchaus als einer der Höhepunkte angesehen werden und lässt jedes Botanikerherz höherschlagen. Wilde Malve wächst und gedeiht hier neben nepalesischem Fingerkraut, das unter anderem bei Nagelentzündungen eingesetzt wird. Wie passend für Steller, der allein bei der zweiten Kamtschatka-Expedition 1741 unter Vitus Bering sechs Stunden an der Alaska vorgelagerten Insel Kajak botanisierte. Weil er einen Diademhäher entdeckte, wähnte er sich in Nordamerika. Georg Wilhelm Steller wäre gerne länger geblieben, aber Vitus Bering drängte zum Aufbruch.

Weiter geht's auf Entdeckungsreise ins Waldklassenzimmer, in dem die Sinne geschärft und entspannt werden können. Und dann kann man sogar eine mosaikbesetzte, bunte Steller'sche Seekuh erkraxeln, die Steller als erster und einzige Wissenschaftler in der Beringsee lebend sah. Mittlerweile ist sie leider ausgestorben. Was Steller wohl heute angesichts der veränderten Situation in Alaska sagen würde, wenn er auf seine Aufzeichnungen und Erinnerungen von damals zugreifen könnte? Wie treffend, dass dieser Erlebnispfad durch die Natur führt, sind doch insgesamt acht geografische Namen, zehn Tiere, 13 Pflanzen und ein Mineral weltweit nach Georg Wilhelm Steller benannt. Übrigens: Zur Auswahl stehen ein drei Kilometer und ein circa zehn Kilometer langer Rundweg.

Adresse Erkenbrechtallee 2, 91438 Bad Windsheim. Ausgangspunkt kann der Bahnhof oder das Kur- und Kongress-Center sein | ÖPNV vom Bahnhof Bad Windsheim über die Brücke in den Kurpark | Anfahrt von Westen A 7, Ausfahrt Bad Windsheim, von Osten B 470 ab Neustadt an der Aisch beziehungsweise B 8 ab Nürnberg | Tipp Nehmen Sie sich Zeit und gehen Sie barfuß achtsam und meditativ durch das Labyrinth. Verweilen Sie kurz auf dem Stein in der Mitte. Falls Sie dies gerne unter Anleitung und in Gesellschaft tun, melden Sie sich für eine geführte Gehmeditation im Kur- und Kongresszentrum an.

8 Der Weinturm
Das fränkische Woodstock

»In den sanften, von Hügelketten umgebenen fruchtgesegneten Windsheimer Gau … liegt hie und da ein unbebauter kurzrasiger Gipshügel, eine steinigste, sonnige Heidewiese, still träumend und von eines Menschen Fuß«, weiß Hans Scherzer 1920 zu berichten und meint damit auch den Weinturm, das Hügelplateau im Naturpark Steigerwald bei Bad Windsheim. Von dort aus kann man wie von Burgbernheim weit in die anmutige Windsheimer Bucht schauen. Hier reckt sich bescheiden der Wartturm in die Lüfte der Frankenhöhe, der dort 1428 erbaut wurde. Inmitten von Weinbergen errichteten Arbeiter den hölzernen Turm, um den städtischen Weinbau zu schützen und die Landstraße nach Würzburg zu überwachen. Der heutige Turm wurde 1674 erbaut, mit einem Erdgeschoss aus Stein und einem ersten Stockwerk aus Holz. Dahinter nimmt ein Golfplatz nicht wenig Raum ein.

Richtig heiß her geht es auf dem Weinturm, wenn das mittlerweile weit über die Landesgrenzen hinaus bekannte Weinturm Open Air steigt. Das nach wie vor von Ehrenamtlichen organisierte Festival kann getrost als das fränkische Woodstock bezeichnet werden. Seit 1977 liegt jedes Jahr Anfang August ein ganzes Wochenende der Geruch von Räucherstäbchen in der Luft, durchmischt von indischen Gewürzen. Kinder versuchen auf Stelzen zu laufen, Eltern stapfen ihnen barfuß hinterher. Ziehharmonika-Töne im Wechsel mit Tuba und Saxofon sorgen im Polkarhythmus dafür, dass keiner der Besucher vor der großen Bühne auf dem Weinturm-Berg mehr stillsteht.

Auf der Nebenbühne können sich Alt und Jung vom Tanzen erholen; bei Lesungen, Clownerie, Zaubereien. Bei der Auswahl der Bands dürfte für jeden Geschmack etwas dabei sein: Die Bandbreite reicht vom schrillen Brass-House-Trio aus New York über Ska-Bands aus der Region. Denn die Weinturm-Crew versucht auch immer Bands vor Ort einzubinden, getreu dem Motto: think global, dance local.

Adresse Am Weinturm, 91438 Bad Windsheim, Hügelplateau im Naturpark Steigerwald bei Bad Windsheim, www.weinturm-open-air.de | **ÖPNV** Bahnhof Bad Windsheim | **Anfahrt** von Westen A 7, Ausfahrt Bad Windsheim, von Osten B 470 ab Neustadt an der Aisch beziehungsweise B 8 ab Nürnberg | **Öffnungszeiten** Anreise ab Freitag, Übernachtung bereits ab Donnerstag des Festival-Wochenendes möglich | **Tipp** Wer während des Weinturm Open Air noch mehr Ruhe haben möchte, kann beim Freibad in Bad Windsheim zelten oder mit dem Wohnmobil parken.

9 Der Frohsinnshof
Vergessene Welten

Wie so oft ist es einer Handvoll Engagierter zu verdanken, dass wir eine atmosphärisch anschauliche Zeitreise in die letzten Jahrzehnte bäuerlichen Lebens in Franken unternehmen können. Am Rande des verschlafenen Bad Windsheimer Ortsteils Oberntief in der pittoresken Frankenhöhe befindet sich eine ehemals von der Flurbereinigung aufgelassene Hofstelle. 1985 kaufte der Verein Frohsinn diesen seit zwanzig Jahren unbewirtschafteten Bauernhof aus dem 17. Jahrhundert. In monatelanger Arbeit restaurierten die Mitglieder die Gebäude und das ganze Grundstück des Gutes, das sich in einem jämmerlichen Zustand befunden hatte. Dass eine derart große Vielzahl an Lebenswelten und einstigen Alltagsgegenständen dort zu finden ist, lässt die Besucher in jedem Stockwerk aufs Neue staunen.

Der gepflasterte Hof vor dem Fachwerkhaus mit den grünen Fenstern und Türen wird im Sommer Ort des Hoffestes, bei dem Freunde aus nah und fern anreisen und bei Musik, Hausmannskost und Schuhplattlern zusammenkommen und feiern.

Die Attraktion des Frohsinnshofes ist die in Franken einzigartige Bulldog-Ausstellung in einer Scheune des Anwesens. Das Wohnhaus ziert ein vergilbtes Wappen des Freistaats Bayern, was auch die Wachhundehütte erklärt, da Bayern ja genau genommen nicht zu Franken zählt. Ein fränkisches Kleinod darf der Frohsinnshof natürlich trotzdem genannt werden. Denn das Haus ist bis oben hin prall gefüllt mit historischem Alltagsleben: einer Schusterei, einer Wohnstube und Geräten, die vielen von uns mittlerweile fremd sein dürften. Oder haben Sie schon mal von einer Dosenverschlussmaschine, einem Kraut- und Tabakschneider oder einem kreisrunden Fleischhackstock gehört?

Öffnet man die Tür zum Nebengebäude, riecht man sofort das Öl der alten Maschinen, wie die Strickmaschine aus dem Jahre 1876. Aber auch Kinderwagen und klobige Waschmaschinen sind dort zu finden.

Adresse Frohsinnshof, Kehrenbergstraße 18, 91438 Bad Windsheim, Ortsteil Oberntief | **ÖPNV** vom Bahnhof Bad Windsheim über den Kurpark 15 Minuten mit dem Rad oder zu Fuß in einer knappen Stunde | **Anfahrt** von Westen A 7, Ausfahrt Bad Windsheim, von Osten B 470 ab Neustadt an der Aisch beziehungsweise B 8 ab Nürnberg. In Bad Windsheim Ortshinweis Oberntief folgen. | **Öffnungszeiten** März – Nov. So / Feiertag 13 – 17 Uhr; für Gästegruppen oder Schulklassen nach telefonischer Anmeldung oder per E-Mail (kontakt@verein-frohsinn.de) | **Tipp** Informieren Sie sich vorab: www.verein-frohsinn.de/?Frohsinnshof.

BETTENFELD

10 Die Schandtauberquelle
Die größte Muschelkalkhöhle Süddeutschlands

Ab der Hohenloher Ebene in Baden-Württemberg ist die an der Oberfläche rinnende Schandtauber lediglich ein Rinnsal. Ihr wahrer Ursprung liegt bei Bettenfeld: in der größten wasserführenden, das heißt aktiven Muschelkalkhöhle Süddeutschlands, die mehr als einen Kilometer lang ist. Sie ist so etwas wie das »Mündungsdelta« eines unterirdischen Flusses an der Erdoberfläche, mit sogenannten Lehmtropfsteinen: Tritt man in die Höhle ein, landet man in der »Pilzhalle«, von der ein »Rappenweg« wegführt und von dem wiederum der »Krötenweg« abzweigt. Weiter geht es vom »Wasserwanzenweg«, bis man über die »Schandhalle« im »Stausee« landet. Über den »Plattenpfad« endet die Höhle dann am sogenannten »Mundloch«. Bewohnt wird sie von einer seltenen Höhlenschneckenart und im Winter auch von Fledermäusen. An der Landesgrenze hängt kurioserweise ein Schild über dem Wasser: »Willkommen in Baden-Württemberg«. Leider ist es nur für wissenschaftliche Zwecke erlaubt, das Biotop zu begehen, da es seit 1984 unter Naturschutz steht. Zu finden ist die Höhle bei einem Rübenacker und Obstbäumen in einem zwölf Hektar großen Naturschutzgebiet. In der Schandtauber sammelt sich Wasser aus einem Umkreis von knapp 45 Quadratkilometern. Durch das starke Gefälle der Schandtauber, was Althochdeutsch für kurze Tauber ist, wurden einst sieben Mühlen betrieben. Stellenweise ist sie ein Wildbach, in dem sich Flusskrebse, Köcherfliegenlarven und Mühlkoppen herumtreiben.

Anfang des 20. Jahrhunderts gab es sogar Pläne, das Schandtaubertal zu fluten, um Strom zu gewinnen. Doch das durchlässige Karstgestein machte den Ingenieuren glücklicherweise einen Strich durch die Rechnung, weshalb wir dieses kleine schmucke Tal auch heute noch in seiner nahezu ursprünglichen Form erleben können. Dieses Millionen Jahre alte Geschenk der Natur, das zur kraftspendenden Entschleunigung einlädt.

Adresse Bettenfeld, 91541 Rothenburg ob der Tauber | **Anfahrt** Die Schandtauberquelle befindet sich neben einem Bauernhof. Der Rothenburger Wanderweg W5 führt zur Schandtauberquelle in Bettenfeld. | **Tipp** Die gotische St.-Wendelin-Kirche in Bettenfeld mit Spitzhelm und angefügtem Langhaus aus dem 13. Jahrhundert ist einen Besuch wert.

BOCKENFELD

11 — Der Alte Bahnhof
Oder: Warten auf den Schah von Persien

Im Mai 1967 war ganz Rothenburg ob der Tauber und Umgebung in Aufruhr, weil der Schah von Persien und seine fesche Frau Farah Diba vor den Toren der Stadt standen. Die Stadt war in eine geschmückte Festung verwandelt worden, von Polizisten und Geheimdienst bevölkert, die Hecken gestutzt, damit sich kein Attentäter dahinter verschanzen konnte. Die ganze Stadt war aufgehübscht worden. Und die Hotelzimmer mit Journalisten und Touristen belegt, die den nicht ganz unumstrittenen Diktator und vor allem seine Frau Farah Dibah sehen wollten. Bekannt aus Funk und Fernsehen und vor allem aus der Regenbogenpresse. Der »Fränkische Anzeiger« berichtete, der Sonderzug mit dem Schah von Persien würde von Rothenburg eintrudeln, weiter nach Neuschwanstein tuckern und damit Bockenfeld passieren. Sogar die genauen Fahrzeiten waren bekannt gemacht geworden. Selbst kleine Buben standen sich damals bei strömendem Regen die Beine in den Bauch. Leider kam kein Schah, weil der der dann doch über die Hauptstrecke gefahren war.

Der Bahnhof Bockenfeld wurde 1905 an der Bahnstrecke Rothenburg–Dombühl erbaut, wo der Güterbahnhof mit seinem hölzernen Bahnhofsgebäude als Warteraum und Dienstraum fungierte. Der Zug fuhr bis an den Kopfbahnhof in Schillingsfürst und überquerte die europäische Wasserscheide Rhein–Donau bei Schillingsfürst. Ein schlauer Bub legte damals übrigens einmal ein Zweipfennigstück auf die Schienen, und das geplättete Zwei-Pfennig-Stück passte als Zehn-Pfennig-Ersatz in den Kaugummiautomaten.

Im September 1971 fuhr dann jedoch der letzte Zug, und im Juni 1991 ging das Bahnhofsgebäude in Privatbesitz über; das Restaurant zum »Alten Bahnhof« wurde eröffnet. Hinzu kam eine Kindereisenbahn vom »Henniger Keller« mit Märchengarten und ein kleines Karussell aus einem »Felsenkeller«» im Taubertal, auf dem sich immerhin drei Kinder verlustieren können. Derzeit wird der Bahnhof restauriert und wartet auf seine Eröffnung als Gaststätte.

Adresse Bockenfelder Straße 61, 91607 Gebsattel | **Anfahrt** A 7, Ausfahrt Rothenburg, Richtung Gebsattel, dann entlang der Romantischen Straße an der AN 8 südlich nach Bockenfeld. Dort ist »Alter Bahnhof« ausgeschildert. | **Tipp** Die ehemalige Bahnstrecke von Rothenburg ob der Tauber wurde zu einem Radweg umfunktioniert, der gemütlich und ohne größere Steigungen mit dem Fahrrad befahren werden kann.

BURGBERNHEIM

12 Die Streuobstwiese
Kulturgut der Römer mit Bienen ohne Hofstaat

Blöd waren sie nicht, die Römer. Sie lernten bei den alten Ägyptern den Obstbau und brachten ihn als Obstgärten römischer Villen vor 2.000 Jahren nach Deutschland. »Streuobstwiesen« finden sich dagegen seit dem 16. Jahrhundert rund um Siedlungen von Menschen. Da sie im Dreißigjährigen Krieg gezielt vernichtet wurden, zeigt, dass sie eine essenzielle Nahrungsgrundlage für viele Menschen darstellten. In der Hochphase des Streuobstbaus in Deutschland gab es zwischen 1930 und 1955 um die eineinhalb Millionen Hektar sprießender Früchte.

Das »Lachen« des Grünspechts ist zu hören, und schon fliegt er in hohem Bogen von den Ästen des Zwetschgenbaums auf die Wiese, unter der Lämmer grasen. Neben ihm schwirrt eine der freiheitsliebenden Maskenbienen vorbei, eine Solitärbiene, die ein Singleleben dem Hofstaat vorzieht. Eine Streuobstwiese ist auch ein Minilaboratorium für ökologische Vielfalt und Zusammenwirken. So sorgen Mäusebussarde als natürliche Fressfeinde dafür, dass Laub und Früchte gedeihen können, die durch den Mäusefraß ausbleiben können.

Auf dem Streuobst-Erlebnispfad erfahren Sie allerlei Wissenswertes und können es vor Ort mit allen Sinnen begreifen: So wachsen im kommerziellen Obstanbau nunmehr zwölf bis 20 Sorten – auf Frankens Streuobstwiesen dagegen gedeihen rund 1.500 Apfel- und Birnensorten, also etwa hundertmal so viele! Knapp die Hälfte der Bäume sind Zwetschgenbäume. Andernorts ist es lediglich einer von zehn Bäumen.

Nicht nur Insekten und andere Arten sterben. Laut der letzten großen Streuobstzählung beziehungsweise -schätzung in Bayern im Jahre 1965 lebte noch ein Baumbestand von circa 20 Millionen, der heute auf knapp fünf bis sieben Millionen geschrumpft ist. Das bedeutet rund 13 bis 15 Millionen Bäume ausgestorbene Bäume, viele davon sind Apfel- und Birnenbäume. Umso wichtiger ist es, ein einzigartiges Kulturgut wie die Streuobstwiese in Burgbernheim zu bewahren.

Adresse rund um den Kapellenberg, Kapellenbergstraße, 91593 Burgbernheim | **ÖPNV** RB 81 bis Bahnhof Burgbernheim oder S 4 bis Burgbernheim-Wildbad, jeweils etwa 500 Meter Fußweg bis zum Kapellenberg – und dann einfach rundherum wandern | **Anfahrt** B 470 bis Burgbernheim, dann Beschilderung Kapellenberg folgen. | **Tipp** Alle zwei Jahre findet das 2022 mit dem Bayerischen Dialektpreis ausgezeichnete Mundartfestival »Edzerdla« statt (Infos unter www.edzerdla.de).

BURGBERNHEIM

13_ Die Windsheimer Bucht
Blick in die Welt

Ein wenig wie Gott fühlt man sich schon, wenn man auf dem Kapellenberg steht, diesem fulminanten Aussichtspunkt über Burgbernheim, und man hinunterschaut in die Windsheimer Bucht. Auf die Miniaturstraßen und -häuser von Neustadt (Aisch), die grasenden Pferde und den Petersberg bei Marktbergel am Horizont. Benannt wurde der Kapellenberg nach der seit dem Dreißigjährigen Krieg verfallenen und dann abgerissenen St.-Wolfgangs-Kapelle, auch Gangolfskapelle genannt. Die Windsheimer Bucht ist südlicher Teil einer größeren Bucht, die sich von Burgbernheim über Iphofen und Neustadt (Aisch) in die Landschaft schiebt.

Um die 250 Millionen Jahre ist es her, dass ein Muschelkalkmeer weite Teile Mitteleuropas verbarg. Als es kontinuierlich eindickte, wurden die Schalen abgestorbener Meeresbewohner in die Muschelkalkschichten aufgenommen. Da sich das Meer nicht nur einmal, sondern viele Male zurückzog und wieder vorstieß, blieben wuchtige Keuperschichten zurück. Das Schichtenpaket überdeckte auch die heutige Windsheimer Bucht und wurde von tektonischen Kräften herausgehoben. Dadurch wurden sie abgetragen und bildeten im sogenannten Erdmittelalter die Frankenhöhe und den Steigerwald. Weit oben über der Windsheimer Bucht, die wir heute vor uns sehen, flossen die Ursprungsflüsse der heute bekannten Altmühl, Zenn und Rezat.

In der Windsheimer Bucht ist unter anderem der Laubfrosch zu Hause, der dort eine strukturell gut vernetzte Landschaft zum Leben und Gewässer mit Flachwasserzonen und Wasserpflanzen wie Kleinröhricht findet. Archäologen haben außerdem neolithische und bronzezeitliche Keramikscherben sowie Gräber in verschiedenen Dolinen gefunden. Auf dem Kapellenberg wurden Pfeilspitzen ausgegraben und eine keltische Silbermünze. Eine vorgeschichtliche Befestigungsanlage erhob sich ebenso auf dem Hügel wie die Befestigunslage Behrenheim, welche die Anhöhe der Frankenhöhe sichern sollte.

Adresse Kriegerdenkmal, Kapellenbergstraße, 91593 Burgbernheim | **ÖPNV** RB 81 bis Bahnhof Burgbernheim oder S 4 bis Burgbernheim-Wildbad, jeweils etwa 500 Meter Fußweg bis zum Kapellenberg | **Anfahrt** B 470 bis Burgbernheim, dann Beschilderung Kapellenberg folgen | **Tipp** Der Verkehrsverbund VGN hat eine feine Wanderung durch die Windsheimer Bucht ausgearbeitet. Sie kann klimafreundlich mit dem ÖPNV vom Bahnhof Oberdachstetten aus durchgeführt und online heruntergeladen werden: www.vgn.de/wandern/windsheimer_bucht.

BURGBERNHEIM / SCHWEBHEIM

14 Die Aischquelle
Zu Besuch an der Fischquelle

Ein wenig beeinträchtigt ist der Besuch der Aischquelle bei Schwebheim unweit von Burgbernheim durch die nahe B 13 und den damit einhergehenden Motorenlärm schon. Wenn man dem mit geschwungener roter Schrift eingebrannten Wegweiser »Aischquelle« folgt und den Steinsockel mit der altertümlichen Inschrift »Ursprung der Aisch« passiert hat, gelangt man über einen Fußpfad an die hufeisenähnlich eingefasste Quelle, durch deren glasklares Wasser man bis zum Grund sehen kann. Schafft man es, dort bei sich zu sein und sich nicht vom Lärm ablenken zu lassen, ist der Aufenthalt an der zwischen Wiesen und Feldern eingebetteten Aischquelle ein wahrer Genuss.

Von der Quelle fließt der kleine Fluss über Neustadt an der Aisch und Höchstadt an der Aisch bei Forchheim in die Regnitz. Zu Beginn ist die Aisch flach und erreicht lediglich eine Tiefe von eineinhalb Metern. Im weiteren Verlauf wird sie bis zu sechs Meter tief und wächst auf eine beachtliche Breite von bis zu 15 Metern an. Trotz des später häufig trüben Wassers ist Gewässerqualität durchaus von einer bemerkenswerten Güteklasse.

Es wird angenommen, dass »Aisch« ursprünglichen »fischreich« bedeutete. Wächst in dem Fluss doch seit dem Mittelalter in dreijähriger Aufzucht die berühmte regionale Delikatesse des Aischgründer Spiegelkarpfens heran. Damals war der Karpfen gerade in der Fastenzeit als Fleischersatz hoch geschätzt. Anfang 2020 vertrocknete die Aischquelle glatt, als mögliche Ursache wurden der Klimawandel oder der in der Umgebung betriebene Gipsabbau ermittelt. Eine Wasserstandsonde wurde an der Quelle eingebaut, um den Wasserspiegel zu überwachen. Durch die vielen Nebenflüsse und Quellen bestand für die Aisch und die daraus gespeisten insgesamt 1.500 Fischweiher im Aischgrund keine Gefahr. Umso schöner, dass die Quelle jetzt wieder sprudelt und die Frankenhöhe mit ihrem kostbaren Nass versorgt.

Adresse Parkplatz an der B 13 in der Nähe der Kreuzung zur B 470 (abzweigen Richtung Uffenheim) und dann 50 Meter Fußweg | **Tipp** Besuchen Sie in Neustadt an der Aisch im Alten Schloss das Aischgründer Karpfenmuseum. Dort erfahren Sie alles über die mehr als 1.250-jährige Tradition der Karpfenzucht.

15 Das Teufelshäuschen
Ausblick über Burgbernheim bis in den Steigerwald

Schnee liegt auf der Baumallee. Auf Wipfeln und Ästen. Auf Gräsern und Farn. Und am Ende der Allee, weit oben auf der Frankenhöhe, wie eine Spornburg, steht es, das Teufelshäuschen. Eine Aussichtsplattform, die eine alte, knorrig-gewundene Eiche umrundet. Bereits 1714 blickte Markgraf Georg Wilhelm von Bayreuth von diesem Aussichtspunkt über sein Herrschaftsgebiet. Seine Untertanen legten ihm vom Wildbad aus eine kerzengerade Allee an, auf der er nach der Völlerei mit seinen Herrschaftskameraden ein paar Schritte tun konnte und die zur Aussichtsplattform führte. Natürlich war es dem Blaublüter nicht standesgemäß genug, von einer Aussichtskanzel hinunterzublicken. Für ihn musste es schon ein Aussichtspavillon sein, ganz so, wie es seinem Stand vermeintlich gebührte. Aber nicht nur das: Das Alleehäuschen stellte auch den Endpunkt von fünf Alleen dar, die der Markgraf in streng symmetrischer Form erbauen ließ. Mehr als tausend Untertanen aus den Orten der Landeshauptmannschaft Neustadt an der Aisch mussten dafür zwischen Mai und Juni 1714 einen drei Tage andauernden Frondienst leisten. Auf einer am Teufelshäuschen, früher auch Alleehäuschen genannt, angebrachten Tafel ist der damalige Katasterplan einzusehen. Darauf zu erkennen sind die Zufahrt zum Wildbad und die Straße nach Hornau, die heute beide Asphaltstraßen sind. Auch in die Kunst fand das Alleehäuschen Eingang. Der Ansbacher Zeichner und Kupferstecher Johann Gottfried Köppel hielt es in seinem 1782 erschaffenen Bild »Von dem Alleehäuschen im Wildbade bei Burgbernheim« fest.

Köppel verfasste 1792 bis 1793 außerdem Briefe über die fränkischen »Fürstenthümer Bayreuth und Ansbach: Auf einer Sommerreise«.

Gerade in der Winterdämmerung hat der Aussichtspunkt seinen ganz besonderen Reiz, wenn der Schnee den Lärm der Welt schluckt und die Äste ohne Blätter den Blick auf den Aischgrund freigeben.

Adresse im Wald nahe Wildbad, Burgbernheim | **ÖPNV** Bahnhof Burgbernheim-Wildbad, von hier dem Wegweiser folgen, die Treppen hinauf und immer geradeaus. Nach dem Holzlehrpfad sind Sie am Ziel. | **Anfahrt** B 470 bis Burgbernheim, dann Richtung Wildbad. Parken können Sie am Parkplatz rechts auf der Berghöhe. Anschließend der Beschilderung folgen. | **Tipp** Wandern Sie vom Teufelshäuschen etwa 500 Meter entlang der Beschilderung zum Skilift: einer der wenigen in der Frankenhöhe – aber wegen des Klimakollapses mit seinen steigenden Temperaturen immer seltener in Betrieb.

COLMBERG

16 Die Burg
Die Raubritterburg auf der Frankenhöhe

»Einem kühnen Frankenritter / Lüstet's nach dem edlen Gute«, wusste schon der Schriftsteller Ludwig Bechstein. Es erinnert an die Vögte der Spornburg Colmberg, die dort anno 1274 ganz schön gehaust haben: Raub, Freiheitsberaubung oder Brandstiftung sind nur einige der Straftaten, die in den vergilbten Gerichtsbüchern der Reichsstadt Rothenburg festgehalten sind. Die Grafen von Truhendingen hatten die Schlawiner mit der Verwaltung beauftragt, mit dem Ergebnis, dass die Burg 1293 geächtet wurde. Das brachte die Grafen in eine dermaßen finanzielle Bedrängnis, dass ihnen als letzter Ausweg nur noch der Verkauf der Burg samt der Stadt Leutershausen und Umland für 6.200 Pfund (Schwäbisch) Haller Pfennige blieb, an den Burggrafen Friedrich IV. von Nürnberg.

Von da an lief es in der vermutlich im 13. Jahrhundert errichteten Burg in geordneten Ritterbahnen ab: Hohenzollern, Preußen. Dann 1806 bis 1880 Sitz des Rentamtes des Königreiches Bayern und sogar Eigentum des letzten kaiserlichen Konsuls in Japan von 1927 bis 1964.

Heute erinnern an die einstigen rauen Zeiten nur noch die dicken Burgmauern, in denen gehoben genächtigt und gespeist werden kann. Sogar an die Kleinsten wurde mit einem wunderprächtigen BurgErlebnisSpielplatz gedacht, damit sie ihr Raubrittertum ohne Schaden für sich und andere ausleben können. Dort, im Schatten des kreisrunden Burgturms, wurde der »vorhandene Burgcharakter imitiert«, wie es der Architekt der Kindererlebnisburg, Holger Schwarz, nennt. Schon allein die Burg samt Bergfried mit seinen Buckelquadern und Zangenlöchern und dem Kegeldach ist eine Besichtigung wert. Der nördliche Wehrgang ist sogar von einem Brückensteg zu beschreiten.

Auf der Burg werden auch diverse Aktivitäten angeboten, von Eselswanderungen über eine Wildwanderung oder eine Greifvogelshow. Und der Burgblog bietet noch mehr Inspiration für weitere Unternehmungen in der Umgebung.

Adresse an der Burgenstraße, 91598 Colmberg | **Öffnungszeiten** Café-Restaurant 11.30–23 Uhr | **Tipp** Die Bierspezialität »Schwarzer Ritter«, das dunkle, vollmundige Bier, wird nur für die Gäste der Burg Colmberg gebraut. Probieren und genießen!

17 _ Die Wurzeln von Billy Joel
The Piano Man

Was? Billy Joel, der Welthits landete und es mit 82,5 Millionen verkauften Alben an die Spitze schaffte, hat seine Wurzeln in Colmberg? Ja, denn bereits der Urgroßvater von Billy, Feist Joel, weilte hier. Seine Schwiegertochter Sara Schwab gebar hier fünf Kinder und lebte mit ihrem Mann, dem Schneider Julius, im Haus Am Markt 12. Eines der Kinder war Billys Großvater Karl Amson Joel, der 1850 das Licht von Colmberg erblickte.

»Der visionäre und sehr geschäftüchtige Karl Amson Joel gründete eines der ersten Wäsche- und Modeversandhandelshäuser in Deutschland, im damaligen Deutschen Reich; das später als Firma Neckermann bekannt wurde. Er musste sie dann unter dem Druck der Verhältnisse in der Nazizeit unter Wert verkaufen. Über Umwege ist er in die Schweiz und dann über Frankreich, England in die USA emigriert, wo sein Sohn Helmut, dann Howard genannt, seine Frau kennenlernte. Aus dieser Ehe entstand der Billy«, verrät Stefan Diezinger vom Frankenbund, der Vereinigung für Fränkische Kulturpflege.

Billy Joel wurde als William Martin Joel am 9. Mai 1949 in der Bronx geboren. Als Junge lauschte er bereits der klassischen Musik, lernte Klavier, spielte schließlich in ausverkauften Stadien und liebt noch heute Beethoven und Brahms. Auch in Deutschland, wo einst Nazi-Ideologe Streicher gegen seine Familie hetzte: »Wäschejude Joel«. Nicht wenige werden Joels »Piano Man« kennen, der in dem gleichnamigen Song von einer weiblichen Sängerin gebeten wird, ein Lied zu singen, was er dann auch mit Mundharmonika und Gitarre gewährt. »Sing us a song, you're the piano man / Sing us a song tonight / Well, we're all in the mood for a melody.« Joel ist sich sicher: »Ich glaube, am meisten bewirkt man, wenn man die Geschichte eines Menschen erzählt, nicht seine Meinung über irgendeine Sache.« Auch darum setzte ihn das Musikmagazin »Rolling Stone« 2015 auf Rang 50 der 100 besten Songwriter aller Zeiten.

Adresse Am Markt 12, 91598 Colmberg | **Anfahrt** über B 13 (Lehrberg oder Oberdachstetten) Richtung Colmberg | **Tipp** Setzen Sie sich gegenüber dem Geburtshaus von Billy Joels Vater auf die Bank und hören Sie Billy Joel besungenes »Uptown Girl« von 1973. Vielleicht läuft dieses ja dann vorüber.

DETWANG

18 Der Riemenschneider-Altar

Trauung vor dem Traueraltar

Es ist doch immer wieder erstaunlich, welche Schätze kleine Kirchen beherbergen. Wie der beeindruckende Riemenschneider-Altar in der St.-Peter-und-Pauls-Kirche im zwei Kilometer von Rothenburg entfernten beschaulichen und erstmals im Jahre 930 urkundlich erwähnten Dorf Detwang im lieblichen Taubertal. Der nicht wenigen Menschen in einem Höhepunkt ihres Lebens etwas vorgaukelt, weil sie nicht wissen, welchen Altar sie da vor sich haben. Denn einst stand der Altar in der St.-Michaels-Kapelle in Rothenburg, weshalb Trauer um einen Verstorbenen wie auch die Angst vor dem eigenen Tod und Hoffnung auf Auferstehung eine besonders große Rolle spielen. Was insofern mit einem Augenzwinkern zur Kenntnis genommen werden sollte, da auch Brautpaare in dieser Hochzeitskirche vor einem Traueraltar statt einem Traualtar sitzen und es meist gar nicht bemerken. Aber auf den zweiten Blick stimmt es dann doch: »Bis der Tod euch scheidet …«, ganz so, wie es in dem Traugelöbnis heißt. Skurril und treffend sind darum auch die sechs Harlekine, die in dem gemalten Rankenwerk an den Fenstern tanzen und erst auf den zweiten Blick sichtbar sind.

Aus einem einzigen Holzblock geschnitzt ist im Mittelteil die Gruppe der Frauen links und der Soldaten rechts. »Das hat Riemenschneider genial gelöst«, schwärmt der Rothenburger Pfarrer Oliver Gussmann, »wie er in Holz den Glanz darstellt, der vom auferstandenen Jesus ausgeht: Der Soldat am Grab ganz rechts hält sich die Hand vor Augen, weil er vom Glanz geblendet wird – und doch ist alles nur aus Holz!«

Die Kirche hat eine über 1.000-jährige Geschichte und besitzt ein wertvolles Reliquienkreuz von etwa 1050 n. Chr. Im mystisch anmutenden Chorraum unter dem Turm steht der Altar, den Riemenschneider 1510 geschnitzt hat. Gotische Arkaden, unter denen Seitenaltäre stehen, verleihen der kleinen Kirche den Charakter eines Zufluchtsortes.

Adresse Detwang 24, 91541 Rothenburg ob der Tauber | **Anfahrt** von Rothenburg ob der Tauber über die Hindenburgsteige, dann rechts Richtung Detwang entlang der Tauber | **Öffnungszeiten** April–Okt. So 10–12 Uhr; Mo–Sa in der Regel 14–16 Uhr, Nov.–März geschlossen (außer zu Gottesdiensten So 9 Uhr). Führungen für Gruppen sind auch zu anderen Zeiten möglich. Anmeldung per Tel. 09861/700625. Geringe Kosten. | **Tipp** Wandern Sie vom Rothenburger Burggarten in einem achtsamen Spaziergang den gut ausgeschilderten Weg durch die Natur talwärts in 15 Minuten nach Detwang.

19 Der Gustav-Adolf-Krauß-Gedenkstein

Der Forstzögling der Frankenhöhe

Im Schatten eines riesigen Eichenwaldes liegt die verschlafene Gemeinde Diebach. Wenn man hier geboren wird, liegt es nahe, sich mit dem Waldwirken und den auf den Menschen Einfluss nehmenden Zusammenhängen zu beschäftigen. So dürfte es wohl auch Gustav Adolf Krauß ergangen sein, der am 25. April 1888 in Diebach das Licht der Frankenhöhe erblickte. Zum Studieren zog es ihn hinaus in die Welt – bis ins rund 150 Kilometer entfernte Aschaffenburg, wo er der schlagenden Verbindung Forstcorps Arminia München beitrat.

Zu seinem Forstexamen gibt es unterschiedliche Angaben. So verkündet die Gedenktafel, die seine Schüler in Diebach angebracht haben, dass er »trotz einer schweren Verletzung im Ersten Weltkrieg« noch auf dem Lazarettbett sein Staatsexamen als Förster ablegte. Andere Quellen dagegen sprechen davon, dass dies erst nach dem Ersten Weltkrieg der Fall war.

Krauß forschte in der Bodenanalyse und arbeitete an der lokalen forstlichen Standortkartierung. Unter anderem untersuchte er die Humusauflage und den Nährstoffgehalt von Blättern. Damit galt er neben Walter Wittich in Norddeutschland als bahnbrechender Pionier Mittel- und Süddeutschlands in forstlicher Boden- und Standorterkundung. Die Standardkartierung gilt auch heute noch als unverzichtbares Hilfsmittel eines jeden Försters. 1955 verlieh ihm die TU Dresden für seine »herausragenden Leistungen auf dem Gebiet der interdisziplinären Standortserkundung in regionalen Arbeitsteams« die Ehrendoktorwürde. 1964 wurde er mit dem renommierten Wilhelm-Leopold-Pfeil-Preis der Alfred-Toepfer-Stiftung gewürdigt. Im Ruhestand beutelten Krauß familiäre Schicksalsschläge, wie der frühe Tod seiner Frau, weshalb er mit seiner Energie haushalten musste. Am 4. August 1968 verstarb er in Regensburg und wurde wunschgemäß in Diebach beigesetzt.

Adresse 91583 Diebach-Wolfsau | **ÖPNV** Bus 807 (Richtung Rothenburg ob der Tauber) bis Diebach. Fußweg circa 2,5 Kilometer nach Osten. Folgen Sie ab Wolfsau dem Wappen-Wanderweg »Krone«. | **Anfahrt** von der A7, Ausfahrt Rothenburg (von Süden) oder Wörnitz (von Norden), von der A6 Ausfahrt Dorfgütingen | **Tipp** Folgen Sie dem Wanderweg »Krone Diebach« und wandern Sie vom Professor-Krauß-Gedenkstein zum Babywald. Karte hier: www.diebach.de/fileadmin/Dateien_Diebach/Dateien/Wappen-Wanderkarte_Diebach.pdf

DIEBACH-OBEROESTHEIM

20 Die Freilichtbühne
Freud und Leid unter freiem Himmel

Es sollen schon Touristen vor dem »Wirtshaus Ochsen« mit seinem Fachwerk gestanden und gefragt haben, ob man darin denn übernachten könne. Denn das rustikale Gasthaus mit seinem großen Garten sieht durchaus einladend aus. Und auch das grün-rote Häuslein mit dem Vogelhäuschen neben der Eingangstür, das sich unter der Blutpflaume an das Wirtshaus anlehnt, scheint nicht weniger gemütlich. Umso erschreckender muss es für die Touristen gewesen sein, als sie die Potemkinschen Häuser lediglich als Kulissen für die Oberoestheimer Freilichtbühne entlarvten. Was für ein wundervolles Theater unter der Vogelkirsche inmitten der freien Natur!

Bereits 1948 gründete sich die Theatergruppe und zeigte in wechselnder Besetzung und Regie launige Stücke. Aber erst mit dem neuen Vorstand und Regisseur Karlheinz Hornung kam 1986 ein neuer Geist in das Ensemble und damit nach Oberoestheim. Hornung leitete nicht nur die Geschicke des Vereins, sondern fungierte auch noch als Autor und schrieb »Oestheim und die Sage vom Bodenlosen Loch«, das 2012 mit großem Erfolg aufgeführt wurde. Zu diesem Anlass wurde das Freilufttheater erst erbaut, doch seitdem ist es ein ganzjähriger Begleiter im Leben der Menschen von Oberoestheim.

Dass die Inszenierung eines derartigen Stückes einen enormen Kraftakt darstellt, weiß jeder, der auch nur am Rande an so etwas beteiligt gewesen war. Darum übergab der Regisseur den Staffelstab an seinen Sohn Harald Hornung, der 2013 das Stück mit dem passenden Titel »Ruhestand – und plötzlich war die Ruhe weg!« aufführte. Im Sommer findet auf der Freilichtbühne unter dem Apfelbaum am Sonntagmorgen schon mal ein Theatergottesdienst mit dem Herrn Pfarrer, dem Posaunenchor und der Theatergruppe statt. Anschließend gibt's ein gemeinsames Mittagessen vom Landgasthof Schwarzer Adler. Und auch der Nachwuchs zeigt regelmäßig sein theatralisches Können.

Adresse Gailnauer Straße 2, 91631 Oberoestheim | **Anfahrt** A 7 (circa sechs Kilometer), über die Ausfahrt Rothenburg (von Süden) oder Wörnitz (von Norden), über die A 6, Ausfahrt Dorfgütingen oder mit dem ÖNPV | **Tipp** Informationen zu den anstehenden Stücken finden Sie auf der Internetseite der Theatergruppe Oestheim. Denn Aufführungen sind nicht nur auf der Freiluftbühne, sondern auch in der Theaterscheune zu bestaunen.

21 Der Aussichtspunkt
Blick über die Frankenhöhe

Ein bissl gruselig ist es schon, wenn man sich vor Augen hält, dass sich genau an dieser Stelle im Zweiten Weltkrieg ab 1932 ein getarnter Unterstand und eine Flugabwehrkanone befanden, in der Soldaten durch ein Fernglas Ausschau nach feindlichen Fliegern hielten. Die Flugwacht 34 war eine von 42 Flugwachten, die zum Schutz von Nürnberg rund um die Stadt errichtet worden waren, um Hitlerdeutschland zu verteidigen und ihre Beobachtungen telefonisch weiterzugeben.

»Es gab Bestrebungen, die Flugwacht zum Gedenken wieder aufzubauen«, sagt Karl-Heinz Hornung, eine Instanz in Unteroestheim, wenn es um Kultur und Historie geht. Er zählt zu den Gründern des Theatervereins, und auch das Schäfermuseum am Fuße des Aussichtspunktes ist sein Werk. »Aber ich fand das gar nicht gut, denn das ist keine schöne Erinnerung.« Auch wenn bei Google die Flugwache immer noch als Museum zu finden ist, befindet sich an der Oberkante der Heide, am Rande des Dorfes Unteroestheim mit seinen rund 100 Bewohnern, nun der Aussichtspunkt »Am Mühlbuck«.

Eindrucksvoll ist er mit seinem weiten Rundblick von der Holzterrasse aus, auf der dankenswerterweise auch ein Fernglas angebracht ist, bis nach Rothenburg und das Hohenloher Land bis auf die baden-württembergische Seite der Frankenhöhe. Von hier sieht man auch die einstige Haltestelle der Bahnstrecke Steinach bei Rothenburg–Dombühl, die 1971 stillgelegt wurde, und bis zur Gemeinde Diebach, zu der Unteroestheim zählt, im Naturpark Frankenhöhe. Insgesamt acht Mühlenanwesen an der Romantischen Straße zeugen von ihrer einstigen wirtschaftlichen Bedeutung, zwischen Schillingsfürst und Rothenburg ob der Tauber. Wofür das von Kaiser Carl IV. 1376 »verstattete« Zoll- und Wegerecht großen Nutzen brachte.

Gerade an einem lauen Sommerabend ist der Aussichtspunkt empfehlenswert – bringen Sie sich eine Picknickdecke oder einen Hocker mit und beobachten Sie den Sonnenuntergang.

Adresse Am Mühlbuck, 91583 Diebach | **Anfahrt** Mit dem Auto: A 7 Ausfahrt Wörnitz, in Richtung Rothenburg ob der Tauber. Rechts abbiegen nach Unteroestheim, Parken im Ort nach fünf km. Von hier zu Fuß wenige hundert Meter nach Norden, am Schäfermuseum vorbei, auf den Mühlbuck. Mit dem Rad: Über den Fahrradweg entlang der Bahnlinie von Rothenburg ob der Tauber. | **Tipp** Wandern Sie entlang des Wappen-Wanderwegs »Nixe« zum Aussichtspunkt oder radeln Sie dorthin und machen Rast an diesem einzigartigen Ort.

DIEBACH-UNTEROESTHEIM

22 Das Bodenlose Loch
Ein ausgezeichnetes Geotop

Blaugrün schillert das Wasser des Bodenlosen Loches, auf dem die Sonnenstrahlen funkeln. Die Leute sagen, es soll bis ans andere Ende der Welt, bis nach Australien reichen.

Das Bodenlose Loch liegt südwestlich des kleinen Ortes Unteroestheim, inmitten des Naturparks Frankenhöhe, und wurde erstmals 1261 als Dorf unter der Steige, die über die Frankenhöhe führte, urkundlich erwähnt. Der etwa 15 Meter breite Quelltopf, der kleine See des Bodenlosen Loches, wird gespeist durch eine Gipskarstquelle, die in unterirdischen Gängen entspringt und real etwa sechs Meter tief ist. Es wurde mit dem Gütesiegel »Bayerns 100 schönste Geotope« ausgezeichnet und 2006 zu Recht zu einem der schönsten Biotope Bayerns gekürt. Aus dem Grundgips entspringen übrigens auch die Bibert- und die Zennquelle. Deren häufig kärgliche Seitenbäche haben sich ebenfalls bis zu ihm durchgefressen.

Mehrere Sagen künden vom Bodenlosen Loch. So passierte es ein Bauer trotz Warnungen an Weihnachten mit einem Fuhrwerk, die Pferde scheuten und zogen ihn ins Wasser, wo sie versanken. Dort, wo die Deichsel des Wagens herausschaute, wuchs eine Weide, die immer noch zu sehen ist. Im Wasser sollen zudem drei Nixen in einem ansehnlichen Schlösschen gewohnt haben, wie eine andere Legende besagt. Während die Bäuerinnen tagsüber auf dem Feld werkelten, passten sie in Unteroestheim auf die kleinen Kinder auf. Abends tanzten sie heimlich auf den Tanzwiesen in Oberoestheim mit den jungen Burschen. Tanzen mussten sie heimlich und beim Mitternachts-Läuten zurück sein, sonst gab's Ärger mit ihrem Vater. Als sich eines Nachts eine Nixe in einen der Burschen verliebte, vergaß sie die Zeit und sagte zum Abschied: »Wenn ein Blutstrahl aus dem Bodenlosen Loch schießt, werden wir uns nie wieder sehen.«

Am nächsten Morgen war das Wasser blutrot gefärbt, und die Wassernixen waren verschwunden. Aber wer weiß – vielleicht entdecken Sie ja eine bei Ihrem Besuch.

Adresse südwestlich von Diebach-Unteroestheim, Würzburger Straße 1, 91583 Diebach | **Anfahrt** A 7 (circa sechs Kilometer), über die Ausfahrt Rothenburg (von Süden) oder Wörnitz (von Norden), über die A 6, Ausfahrt Dorfgütingen | **Tipp** Diebach-Oestheim liegt an der Romantischen Straße am Fuße der Frankenhöhe im Tauber- und Wohnbachgrund innerhalb des Naturparks Frankenhöhe und ist auf dem Fahrrad bequem über die alte Rothenburger Bahnlinie zu erreichen.

DIEBACH-UNTEROESTHEIM

23 Das Schäfermuseum
Deutschlands kleinstes Schäfermuseum

Inmitten der Frankenhöhe, unweit des beschaulichen Dörfchens Unteroestheim, steht der hölzern-eckige Schäferwagen »Am Mühlbuck« in einer wildromantischen Hütefläche. Wenn man es nicht wüsste, könnte man glauben, in dem eckigen Schäferwagen mit seinen Holzreifen würde noch ein Schäfer leben. Vor allem, wenn wieder einmal die Lämmer der Frankenhöhe am Hang grasen, an den sich der Schäferwagen zwischen die alten Wacholderbüsche schmiegt. Doch das Schild vor dem Eingang weist es als etwas ganz anderes aus.

Auf nur 4,3 Quadratmetern beherbergt die mit viel Herzblut restaurierte Schäferkarre Deutschlands kleinstes Schäfermuseum. Zu verdanken ist dies dem umtriebigen, grauhaarigen Herrn Hornung mit seinem verschmitzten Lächeln, der auch den Theaterverein ins Leben gerufen und die Oberoestheimer Freiluftbühne mit erbaut hat. Steigt man die Holztreppe hinauf und öffnet die Tür, tritt man ein in die Vergangenheit der Region sowie in die Geschichte der Schäferei und erlebt hautnah, wie Schäfer ihr mühevolles Dasein fristeten. In alten Büchern ist nachzulesen, wie viel ein Schäfer dafür verdient hat, dass er Tag und Nacht bei den Schafen und auf wenigen Quadratmetern lebte.

An der Wand hängen neben zahlreichen dokumentarischen Fotos die Kleider des Schäfers: dunkle Weste, Jacke und Werkzeug. Auf dem Boden steht ein verlassener Tränkeeimer für Lämmer, und neben Sprüchen zum gottgefälligen Leben ist auch ein Gedicht von einer Tochter für ihren Schäfervater namens »Vaters Schippe« zu lesen. Auf dem Bett mit dem rot-weiß karierten Bezug finden sich Socken aus Schafwolle und ein Schaffell. Die Schafe sind euch heute noch wichtig, da sie zum Beispiel als Trampeltiere für offene Bodenstellen und somit für keimende Samen sorgen.

Wen die Wanderung und Besichtigung zu einer Rast drängt, der kann sich ja neben dem Wagen im Gras niederlassen und Schäfchen zählen.

Adresse Am Mühlbuck, 91583 Diebach | **Anfahrt** A 7, Ausfahrt Wörnitz, in Richtung Rothenburg ob der Tauber. Rechts abbiegen nach Unteroestheim, Parken im Ort (fünf Kilometer) nördlich des Ortes, am Mühlweg gelegen. | **Öffnungszeiten** Im Sommer tagsüber geöffnet. Ansonsten gibt es den Schlüssel zur Besichtigung des Schäferwagens beim Landgasthof Schwarzer Adler in Unteroestheim (Tel. 09868/845) oder bei Herrn Hornung (Tel. 09868/5714). | **Tipp** Gehen Sie den Wanderweg »Nixe« bei Unteroestheim, dann stoßen Sie genau auf das Schäfermuseum.

DIETENHOFEN

24_Der Hirtenhof-Spielplatz
Wie die Schäfer

Schäfer sind seit jeher auf der Frankenhöhe zu Hause. Die müssen sich heute glücklicherweise nicht mehr in einen engen Schäferkarren zwängen, darin übernachten und Schäfchen zählen. Denn seine Schafe pfercht er mittags und nachts in abbaubare Zäune und kann dann gemütlich in seinem Bett rüsseln. Mangelnde Pferchflächen und Trinkstellen, Baumstämme und Müll auf den Weiden machen aber auch heute noch den Schäfern das Leben schwer. Hinzu kommt, dass sie bei Wind und Wetter draußen sein müssen, und das an sieben Tagen der Woche.

Für den Magerrasen des Naturparks Frankenhöhe sind die »vierbeinigen Rasenmäher« äußerst bedeutsam. Nur so kann die Artenvielfalt bewahrt werden, denn Insekten würden ansonsten beispielsweise keine Nahrung mehr finden, wenn die Hänge der Frankenhöhe überwuchert werden.

Äußerst zutreffend ist es also, dass ein Spielplatz im Wald und am Waldrand in der Frankenhöhe »Hirtenhof« genannt wird. Passend dazu findet sich ein Bauwagen zum Spielen auf dem weitläufigen Gelände, der durchaus als Schäferwagen interpretiert werden kann. Schade ist es, dass die Hütte nicht mehr von der Gemeinde Dietenhofen vermietet wird, da es häufig zu Randale kam, was vor einigen Jahren sogar in einen blutigen Einbruch mündete. Auch der Grill ist aufgrund der Waldbrandgefahr leider nicht mehr vorhanden.

In Zeiten, in denen immer mehr Kinder aufgrund von zu viel Zeit vor dem Fernseher oder beim Zocken motorische Fehlentwicklungen haben, wird es immer wichtiger, Spielflächen in der Natur zu schaffen, die Konzentration und Koordination fördern. Im Gegensatz dazu sind Schafe ausgesprochen gute Kletterkünstler. Und auch Waldbaden wird schon lange als gesundheitsfördernd anerkannt.

Darum sollte dieser einzigartige Spielplatz, der Hirtenhof, auch genauso pfleglich behandelt werden wie die ihn umgebende Natur, deren fester Bestandteil wir sind.

Adresse Waldspielplatz Hirtenhof, Ortsteil Moosmühle, 90599 Dietenhofen | **Anfahrt** Von der Nürnberger Straße biegen Sie in die Mühlstraße in den Ortsteil Mosmühle ein. Nach Mosmühle folgen Sie der Mühlstraße und biegen links auf die Bahnhofstraße, bis Sie zu einem Parkplatz vor einer Schranke kommen. Dort parken Sie und gehen die zehn Minuten Waldweg zum Hirtenhof. | **Tipp** Wandern Sie von Dietenhofen über Mosmühle zum Spielplatz.

25 Das Sühnekreuz
Gedenken an eine Moritat

Es ist unverkennbar, dass der Zahn der Zeit an dem steinernen Kreuz genagt hat, das an ein Verbrechen erinnern soll. Hier, inmitten des einsamen Dombachtales. Das Kreuz wurde aus grobem Blasensandstein gehauen, doch im Laufe der Jahrzehnte bröselten im Sandstein eingeschlossene Steinchen heraus und hinterließen Löcher. Diese Löcher wiederum vergrößerten sich durch Wind und Wetter. Noch nicht allzu alt dagegen ist ein kleines Kreuz auf der Oberfläche.

Eine Sage weiß über einen schrecklichen Vorfall zu berichten, der sich im Dombachtal einst zugetragen haben soll: Damals war Schlachttag bei einem Bauern im Dombach, an dem ihn ein Ansbacher Hausmetzger aufsuchte. Sie begossen nach getaner Arbeit ihr Tagwerk, und der Hausmetzger machte sich spätabends auf den Nachhauseweg von »Dumbaloch«. Der betrunkene Metzger erreichte nun die Stelle, an der sich heute das Steinkreuz befindet. Plötzlich erhob sich vor ihm wie aus dem Nichts eine Erscheinung. Angst ergriff den Metzger. Er war fest davon überzeugt, ein Räuber wolle ihn an den Geldsäckel. Also wehrte er sich. Mit dem Stock hieb er auf den vermeintlichen Banditen ein. Doch dieser parierte den Schlag gekonnt. Der Metzger stolperte – und rammte sich sein eigenes Messer in die Brust! Noch während er im Sterben lag, erkannte der Hausmetzger seinen besten Kumpanen und Kollegen. Der war ebenfalls zum Schlachten im benachbarten Dautenwinden gewesen und nun auf dem Nachhauseweg. Dort, wo der Gehweg aus dem Teufelsgraben auf die Straße einmündet, wartete er auf den Kameraden, um den Heimweg gemeinsam zu bestreiten.

Der Freund fühlte sich schuldig an dem tödlichen Missverständnis. Daraufhin soll er jede freie Minute, Tag und Nacht, aus einem großen Felsblock ein steinernes Sühnekreuz gemeißelt haben. Und stellte es dort auf, wo es heute noch steht.

Adresse 91522 Dombach im Loch / Ortsteil von Ansbach | **Anfahrt** Von Ansbach über die B 14. Von Dombach im Loch auf dem breiten Schotterweg ins Dombachtal nach Nordosten. Ungefähr 400 Meter nach dem Ortsende findet sich das Kreuz rechts am Wegesrand. | **Tipp** In einer guten Stunde radelt man von Ansbach aus nach Dombach im Loch. Die Tour führt über die barocke Orangerie am Hofgarten Ansbach über den ruhig und idyllisch gelegenen Scheerweiher, an dem man Brotzeit machen kann, und das Dörfchen Elpersdorf, durch das die Europäische Wasserscheide verläuft.

DOMBÜHL

26 Der Erlebnispark Natur und Teich

Klassenzimmer im Grünen

Nach einem Sprung ins kühle Naturbad lockt der liebevoll angelegte Erlebnispark nebenan mit seinen aufschlussreichen Stationen in natürlicher Umgebung, den im Volksmund genannten Dombühler »Gänseweiher«. Die zwei Karpfenweiher können auf rollstuhl- und kinderwagengerechten Wegen umrundet werden, während Sie unter Bäumen auf Bänken oder dem schirmförmigen Pavillon Zuflucht vor der Sommerhitze finden und unter dem schützenden Dach die Aussicht auf die Wehrkirche St. Veit genießen können.

Sowohl für Gäste von außerhalb als auch für Einheimische dürfte dieses Klassenzimmer im Grünen Wissenswertes über die Teichwirtschaft und die damit gestaltetet Kulturlandschaft bringen. So kann man viel über die Geschichte der Region erfahren, der man sich durch eine Tafel mittels eines historischen Streifzuges anhand von Fotos der einstigen Landschaft und von den Fischern der Tradition der Karpfenzucht annähern kann. Der Aischgrund mit seinen zahlreichen Karpfenweihern ist tatsächlich berühmt für seinen Aischgründer Karpfen, der in verschiedenen Variationen serviert wird. Oder wussten Sie, wie der Karpfen vom Ei bis zum Speisefisch heranwächst? Eindrücklich ist auch, wie die Landschaft vor einigen Jahrhunderten ausgesehen hat, und der erste Eintrag im Dombühler Gütt- und Salbuch vom 23. August 1623. Oder die Flurveränderung ab 1806, als auch Dombühl zum Königreich Bayern gehörte.

Wer es noch gemütlicher und geselliger angehen lassen möchte, kann sich beim Boulefeld treffen und dort eine ruhige Kugel schieben. Falls Sie am fischförmigen Grillplatz direkt am hinteren Gänseweiher gemeinsam mit Freunden grillen möchten, müssen Sie sich im Bürgerbüro anmelden unter Tel. 09868/9341581. Nach dem Erlebnispark kann man auf einem ansprechenden Wanderweg über die Schafweide hinauf zu den Schafweihern spazieren.

Adresse Erlebnispark Natur und Teich, 91601 Dombühl | **ÖPNV** Mit Zug oder S-Bahn bis Dombühl. Vom Bahnhof aus zu Fuß in 20 Minuten oder mit dem Bus zur Haltestelle Frankenstraße. | **Öffnungszeiten** täglich geöffnet | **Tipp** Parken Sie nur auf erlaubten Flächen, da immer mal wieder die Polizei vorbeischaut, wenn sie von verärgerten Nachbarn gerufen wird.

27 — Das Naturerlebnisbad
Ökologisch baden

Ausgelassene Kinderjubelschreie empfangen einen bereits am brandneuen und barrierefreien Eingang des Naturerlebnisbades. Es riecht nach Sonnencreme, Sommer, Spaß, wenn man am Kassenautomaten seinen Eintritt bezahlt und durchs Drehkreuz geht. Dann geht es an Tischen, Stühlen und Sonnenschirmen vorbei. Dort halten Senioren einen Ratsch bei einem Kaffee oder einem Weizen, und die Kleinen genießen ihr Eis. Und schon steht man am Becken.

Das Wasser ist sauber und angenehm kühl, da es nicht geheizt wird. Nebenan rauschen die Schilfblätter im Seerosenbecken mit seinem Nassfilter im Wind, die zugleich das Wasser reinigen. Es mag sich häufiger ein Blatt darin finden als in einem gechlorten Schwimmbad, aber dafür brennen die Augen nicht von Chemikalien, und man trägt auch dessen penetranten Geruch in der Badekleidung nicht mit nach Hause. Das Schwimmbad ist in einen Bade- und einen Regenerationsbereich geteilt: Die Pflanzen und Mikroorganismen verleihen dem Schwimmbad eine Selbstreinigungskraft. Gefördert wird sie, indem das Wasser ständig umgewälzt und an der Oberfläche gereinigt wird.

Trotz eines regen Betriebes kann man sportlich seine Bahnen im ökologisch gereinigten Wasser des 50 Meter langen Beckens ziehen oder einfach nur planschen. Gerade für die größeren Kinder und Jugendlichen dürfte die breite, steile Rutsche eine große Freude sein. Und weil ein Sprungbrett jedes Schwimmbad kann, gibt es im Naturerlebnisbad einen Sprungfels. Der großzügig angelegte und separierte Kinderbereich lässt die Kleinsten vergnügt spielen, während die Eltern bequem danebensitzen und zusehen können. Auf dem Beachvolleyballfeld kann man sich an Land verausgaben oder den Spielern einfach nur zusehen.

Das hochmoderne Holzgebäude mit großzügigeren Duschen und Toilettenanlagen kann auf der Rückseite geöffnet werden für Auftritte des regionalen Chors oder Bands, die nicht nur das Wasser zum schwingen bringen.

Adresse Köllenbergstraße, 91601 Dombühl | **Öffnungszeiten** Werktags 13–20 Uhr, Sa/So/Feiertag und Sommerferien 10–20 Uhr, bei schlechterem Wetter (ab 20 Grad Celsius) 14–18 Uhr. Achtung: Bei Regen bleibt das Naturerlebnisbad geschlossen! Eintritt: Erwachsene 3 Euro (ab 17 Uhr 2 Euro); Kinder, Jugendliche, Behinderte, Schüler und Studenten 1,50 Euro | **Tipp** Reisen Sie mit Zug oder S-Bahn von Nürnberg aus nach Dombühl und tun so dem Klima etwas Gutes. Vom Bahnhof aus spazieren Sie in 20 Minuten zum Naturerlebnisbad oder fahren mit dem Bus zur Haltestelle Frankenstraße und laufen dann die letzten paar Meter zu Fuß.

28 Der Fjord
Biberspuren im Lehm

»Vorsicht! Sprengarbeiten!« steht samt Erklärung der Sprengsignale auf den gelben Schildern um den Gipsbruch Endsee erklärt, damit Fußgänger auch rechtzeitig Bescheid wissen, wann es knallt. Das Betreten ist nach der Bayerischen Bergverordnung verboten, denn die Ausbeutung geht seit dem 17. Jahrhundert weiter. Wenn der erste Schock durch die klaffende Schneise des Gipsbruches Endsee und die am Abgrund stehenden uralten Eichen verflogen ist, stößt man linker Hand, ein wenig abseits des Waldweges, auf den »Fjord«. Gerade im Sonnenlicht entfaltet sich sein magischer Anblick, sein klares Wasser, das in der Mulde liegt, mit Felsbrocken, die teils an Baumstümpfe erinnern. Der ehemalige Gipsbruch wurde mit Erde aufgefüllt, mit »Abräummaterial«, das über den Gipsschichten lag. Außerdem wurden Laubbäume angepflanzt. Angeblich wird das Gewässer aufgrund seiner Form Fjord genannt, aber es mag vor allem daran liegen, dass man sich dadurch unmittelbar in nordischen Gewässern wähnt. Und es hängt natürlich damit zusammen, dass versucht wurde, die unübersehbaren Folgen für Flora und Fauna zu verniedlichen. »Fortschritt um jeden Preis?«, schrieb dazu der fränkische Naturschützer Otto Kraus bereits 1966. »Jeder muss heute wissen, dass nur eine biologisch gesunde Landschaft jene innere Beschaffenheit zeigt, die eine dauerhafte und segensreiche Bewirtschaftung verbürgt. Und dass nur eine solche ausgeglichene Landschaft zugleich jene Schönheitswerte enthält, die sie zur Heimat machen.«

Ein wenig milde stimmt dieser verträumte Ort, an dem grazile Graureiher aufsteigen und majestätische Bussarde kreisen und fiepen. Die braunen Pfade an den Hängen lassen einen vermuten, dass Jugendliche den Weg nach unten gesucht haben, obwohl das Baden hier absurderweise streng verboten ist. Doch wenn man genauer hinsieht, entdeckt man Spuren der Biberkrallen im lehmigen Untergrund. Frei nach Antonio Machados: »Wanderer, es gibt keinen Weg, der Weg entsteht beim Gehen.«

Adresse Gewerbegebiet Baukreativstraße, 91628 Steinsfeld, Ortsteil Endsee, hier parken | **Anfahrt** A 7, Ausfahrt Endsee / Bad Windsheim beziehungsweise B 470 in Richtung Rothenburg ob der Tauber, am Ortseingang von Endsee links die Straße ins Gewerbegebiet | **Tipp** Bei der Wanderung um den Endseer Berg stoßen Sie auf schon etwas in die Jahre gekommene Informationstafeln zur Flora und Fauna der Region.

29 Der Gipsbruch
Die blaue Lagune

Steht man an einem heißen Sommertag über dem ehemaligen Gipssteinbruch nahe des kleinen Ortes Endsee, fühlt man sich unweigerlich in den Süden versetzt, in einen der berühmten marmornen Steinbrüche in Carrara in der Toskana – nur eben *en miniature*. In der metertiefen, talähnlichen Vertiefung sprießen Bäume durch Felswände, aus einem Tümpel, auf dessen Wasseroberfläche Sonnenstrahlen blitzen, hüpft ein Frosch ans Ufer, Schmetterlinge flattern einem um die Nase, pfeift ein Rotmilan sein Lied. Regen und fließendes Wasser erschufen Rillen unterschiedlicher Größe auf der Gesteinsoberfläche, die manchmal scharfkantige Rippen voneinander trennen.

Doch wie kam der Gips überhaupt unter die Erde? Vor 230 Millionen Jahren befand sich an dieser Stelle ein Muschelkalkmeer, das sich langsam zurückzog, wodurch eine flache, küstennahe Landschaft entstand. Teile des Meeres verblieben in einer Lagune und wurden vom Rest abgeschnitten. Das darin verbliebene Wasser verdunstete.

Chemisch betrachtet ist Gips ein Salz, das wie Kalk im Wasser oder im Meer zu finden ist. Wenn beispielsweise in einer Lagune aufgrund der Wärme das Wasser verdunstet, bleiben manchmal Berge von Salz übrig. Hält die Verdunstung an, bilden sich Schichten von Salzgestein. Auch Gips zählt zu den Salzgesteinen und entsteht durch stärkere Eindampfung. Damit er zu Gips wird, muss durch jahrmillionenlangen Druck das Wasser ausgepresst werden. Der abgebaute Grundgips aus Endsee ist das wirtschaftlich bedeutendste Gipsflöz in Bayern. Auch heute noch wird es an verschiedenen Stellen abgebaut, beispielsweise im Südteil des Endseer Berges. Dieser Gips ist unverzichtbar, damit wir unsere Häuser bauen können. Und so entsteht aus Millionen Jahren alten Lebewesen unser Zuhause.

Der Besuch des Gipsbruches in Endsee ist zugleich eine Reise in unsere und die Vergangenheit der Erde, auf der wir in und auf der Frankenhöhe stehen.

Adresse Gipsbruch Endsee, 91628 Steinsfeld | **Anfahrt** von der A 7 (Ausfahrt Bad Windsheim) kommend am Ortseingang von Endsee links abbiegen und den Hinweisschildern »Gipsbruch« folgen | **Tipp** Fahren Sie mit dem Fingernagel über den grauen und weißen Gips. Sie werden feststellen, dass Sie problemlos Figuren hineinritzen können, so weich ist er.

FLACHSLANDEN

30 Das Hainbuchenlabyrinth
Geschichtsträchtiger Grünstreifen

»Und wer des Knäuels zartes Ende hält, // Der schlingt sich wohl durchs Labyrinth der Welt«, schrieb Johann Wolfgang von Goethe und bezog sich damit auf den Mythos des Minotaurus. In dieser Geschichte errichtet Daidalos im Auftrag für den kretischen König Minos ein Labyrinth als Gefängnis für den Minotaurus in Form eines weit verzweigten Gangsystems. Mit Hilfe des Ariadnefadens fand Theseus den Weg durch das Labyrinth – so wie auch Sie den Weg durch das Hainbuchenlabyrinth am Ortsrand von Flachslanden finden werden.

Labyrinthe sind außerdem auf Fußböden von Kathedralen als Mosaike zu finden, denen die Gläubigen auf Knien folgen, um betend Buße zu tun und Erlösung zu erlangen. In Umberto Ecos Roman »Der Name der Rose« spielt eine labyrinthische Bibliothek eine entscheidende Rolle. Von einem ersten Labyrinth, ein Totentempel, wurde bereits im alten Ägypten berichtet, und eine kretische Silbermünze von 400 v. Chr. zeigt eine klassische Version. Auf einen Schieferfelsen in Rock Valley, Großbritannien, wurde ein Labyrinth geritzt. Und auf sogenannten Emblembüchern des 16. bis 18. Jahrhunderts wurden sie verwendet, um Menschen vor der »sündigen Welt« zu warnen. Erst 2001 wurde ein Labyrinth in der namibischen Wüste, 110 Kilometer westlich von Windhoek, am Fuße eines Berges gebaut. Und am Ortsrand von Flachslanden befindet sich das Hainbuchenlabyrinth mit fünf Umgängen. Die Hainbuchenhecke umfasst ungefähr stattliche 40 Meter Durchmesser, um es zu durchschreiten, benötigt man in etwa eine halbe Stunde.

Daneben erinnern Grenzsteine an die einstige Arbeit der »Siebener«, von denen es heute in Franken noch welche gibt. Sieben gewählte und vereidigte Männer, sogenannte Feldgeschworene, wachten darüber, dass die Grenzsteine nicht entfernt wurden. Die historischen Grenzsteine sind ein eindrückliches Beispiel aus jenen Tagen. Das Siebeneramt stellt heute das älteste in Bayern bekannte Ehrenamt dar.

Adresse Am Weiherholz, 91604 Flachslanden | **Anfahrt** B 13 bei Gräfenbuch Richtung Flachslanden; zum Hainbuchenlabyrinth nach dem Ortseingang zweimal links abbiegen | **Tipp** Der Siebener Radweg führt von der Ortschaft Langenzenn aus, entlang ehemaliger Grenzsteine. Entwickelt wurde er vom Langenzenner Siebenerobmann Martin Weber. Er ist kostenfrei zugänglich über die Internetseite der Stadt Langenzenn.

31 Der Steinbruch
Geologisches Geschichtsbuch der Erde

Geht man in den Gailnauer Gemeindesteinbruch, hat man ein aufgeklapptes geologisches Geschichtsbuch vor sich. Denn was sich da hinter moosbedeckten, von Wurzeln umarmten Wänden vor einem offenbart, sind die Ergebnisse von Millionen Jahren Pflanzen-, Wasser- und Erdmassenwirken. Vor circa 180 Millionen Jahren, zur Zeit des Mittleren Keupers, entstand der Schilfsandstein. Gailnau zählte damals zum Germanischen Becken und wurde vom Meer überflutet. Beim Keuper wechseln die Schichten zwischen Grundwasser leitenden und gering leitenden Schichten. Am besten leitet der Sandsteinkeuper, wie in Gailnau vorzufinden, mit dem Burg- und Blasensandstein. Steinbruchspuren lassen sich auf der Frankenhöhe in der Kirche Peter und Paul in Wettringen oder in der Jakobskirche in Rothenburg und auch im herrschaftlichen Schloss Schillingsfürst wiederfinden.

Der Schilfsandstein konnte leicht bearbeitet werden und wurde darum auch zum Bauen von Gebäuden in der näheren Umgebung verwendet, mit dem Bahnausbau als Quadersteine weitertransportiert und für Bahnhofsgebäude und Eisenbahnbrücken gebraucht. Allerdings stellte sich heraus, dass er wenig wetterbeständig ist und gerade, wenn es feucht war, sehr schnell verwittert, weshalb er heute nicht mehr verwendet wird. Trotzdem wurden hier noch bis 1954 Steine gewonnen und Kriegsschäden ausgebessert.

Um den Steinbruch wieder zum Leben zu erwecken, hat sich das Gaudium Gailnau gegründet, ein Verein zur Förderung sozialer Gesiligkeit und guter Laune. Der Verein hat Buden und eine Bühne aufgestellt und Strom verlegt, damit auch bei Nacht gefeiert werden kann. Seither steigen Sommerfeste und flimmern Filme inmitten dieser historischen Kulisse. Und auch ein Motorradclub trifft sich im Steinbruch in Kutten und Stiefeln. Harte Jungs, wie der sie umgebende Stein – der allerdings keineswegs so hart ist, wie er aussieht.

Adresse A 7, Ausfahrt Wörnitz, dann Richtung Wettringen bis Untergailnau. Der Erdrutsch liegt am Weg nach Obergailnau an der Steigung links. | **Tipp** Das atmosphärische Steinbruchsommerfest mit Livemusik gibt's am Samstag des letzten Wochenendes im Juli. Hinfahren und mitfeiern.

32 Das Naturschutzgebiet Kühberg

Blick ins ehemals geteilte Land

Schon wenn man auf dem Parkplatz steht und auf den Kühberg hinaufschaut, wird man spüren, dass man hier an einem besonders kraftvollen Ort gelandet ist. Die braune Erde, die am Hang freigelegt ist, gibt dem Berg etwas Verwundbares, und zugleich könnte man meinen, er würde sein Innerstes freilegen. Die über ihm aufragenden Bäume, vor allem die riesige, altehrwürdige Eiche auf dem Rasen, wirken wie die Staffage einer Modelleisenbahn fast künstlich. Besonders eindrücklich sind die verschiedenen Schichten der Entstehungszeit der Frankenhöhe zu betrachten, wie zum Beispiel der mächtige rote Ton, die sogenannten Lehrbergschichten. Den Namen gab ihnen der Geologe Carl Wilhelm Gümbel (1823–1898) nach ihrem einstigen Vorkommen in Lehrberg bei Ansbach. Mittels dieses Tons wurden vor allem Ziegel hergestellt, in Dietenhofen aber auch der Boden der Hochebenen aus Blasensandstein verbessert.

Oben angekommen, ist die Aussicht auf Gastenfelden mit Fachwerkhäusern und dem Hangenbachtal bis nach Schillingsfürst phänomenal. Das Tal wird auch Dragonertal genannt, für das es mehrere Erklärungen gibt. Eine davon ist, dass einst ein Postbote im Tal gewesen sein soll, den sie für einen feindlichen Dragoner hielten; er wurde jedoch von den Einheimischen gestellt. Kaum zu glauben, dass einst mitten durch Gastenfelden, dem Bachlauf entlang, die sogenannte Fraischgrenze führte. So war bei Kapitalverbrechen im Norden des Dorfes der Markgraf von Brandenburg-Ansbach zuständig, im Süden der Fürst zu Hohenlohe-Schillingsfürst.

Der Kühberg ist mit seinen Streuobstwiesen und seinem Magerrasen äußerst artenreich. Auf dem Magerrasen, der nur um die 0,25 Prozent der bayerischen Landesfläche ausmacht, leben laut Naturpark 50 Prozent aller »… heimischen Orchideen-, Heuschrecken- und Grillenarten …«.

Adresse Gastenfelden, 91592 Buch am Wald | **Anfahrt** A 7, Ausfahrt Dombühl, über Schillingsfürst bis Buch am Wald, Ortsteil Gastenfelden. Das Naturschutzgebiet Kühberg ist die Anhöhe hinter dem Ort. | **Tipp** Bauen Sie den Besuch des Kühbergs in eine Wanderetappe auf dem Wasserscheideweg ein.

GESLAU/LAUTERBACH

33 Der Mohrenhof
Unter Alpakas und Hühnern

Dort, wo heute Kinder zwischen Ponys und Kettcars herumflitzen, befand sich einmal ein Bauernhof. Bis sich Andreas Mohr und seine Frau dachten: Warum nicht einen Campingplatz am See ins Leben rufen und noch mehr Menschen an diesem wunderbaren Fleckchen Erde teilhaben lassen? Aus dem Camping- und Stellplatz am See entwickelte sich eine beachtliche Freizeitanlage. In den Sommerferien sind dort Kinder- und Jugendgruppen zu finden, die ohne Eltern kochen und klönen. Aber es findet sich ebenso ein Platz für Familien oder Senioren. Je nach Interessen kann man einen adrenalingetränkten Ritt auf der hauseigenen Wakeboardanlage erleben, gemütlich mit den Alpakas spazieren gehen, mit dem Kettcar herumbrettern oder sich in der Spielscheune verausgaben. Und sowohl für Bogenschützen-Anfänger als auch für Fortgeschrittene ist etwas geboten, denn sie können gleich aus drei Anlagen wählen: BogenWiese mit Scheiben und 3-D-Tieren, BogenParcours oder das BogenKino, bei dem auf bewegte Bilder geschossen wird. Außerdem finden das ganze Jahr über Mitmach-Events und Konzerte statt: Ponyreiten, Bastelstunden, Kürbis-Schnitzen zu Halloween, und natürlich können auch die Mohrenhof-Tiere besucht werden. Gerade das Ponyreiten unter den Argusaugen einer erfahrenen Pädagogin macht den Besuch vor allem für Kinder mit Behinderung zu einem ganz besonderen Erlebnis.

Zum Abschluss eines Urlaubs auf dem Mohrenhof darf natürlich das obligatorische Grillen von Stockbrot mit anschließender Nachtwanderung nicht fehlen. Die SeeKneipe sorgt mit Speis und Trank für das weitere leibliche Wohl. Unterkommen kann man auf dem Mohrenhof im Campingbus oder Zelt oder aber auch in ausgefalleneren Schlafmöglichkeiten wie in rustikalen Hütten, ganz nostalgisch einem Schäferwagen oder, wer's aufregender mag, auch in einem Zirkuswagen. Was wollen die Herzen von Kindern oder Junggebliebenen mehr?

Adresse Lauterbach 3, 91608 Geslau | Anfahrt A 6, Ausfahrt Aurach, B 14 Richtung Geslau | Tipp Wer es ruhiger und kostengünstiger angehen mag und sich auch nicht langweilt, wenn es weniger Freizeitangebote gibt, dem sei der Zeltplatz Nepermuk in Windelsbach-Nordenberg bei Rothenburg ob der Tauber mit seinem kleinen Naturbad empfohlen.

34 Der Turm der Landhege
Auf den Spuren des Hegereiters

Es gab eine Zeit, da trabte der Hegereiter übers Rothenburger Land und bewachte die Menschen und die Grenzen seines Hoheitsgebietes. Mehrmals täglich querte er auf dem Hegewall, auch genannt Landhege, und erhob Wegezoll von Reisenden und Händlern für die Freie Reichsstadt Rothenburg, oder machte sich auf die Suche nach findigen Schmugglern, die versuchten, ihre Waren ohne Zoll über die Grenzen zu bringen. Nach getaner Arbeit auf der Landhege, fränkisch »Heich« genannt, ließ er sich im Speisesaal seines Hegereiterhauses bei Wein und einer wohlschmeckenden Mahlzeit nieder. Und eines dieser Hegereiterhäuser ist eben auch heute noch in Großharbach zu finden. Hierbei handelt es sich um einen historischen Landturm aus dem Jahre 1606 der Rothenburger Landhege, denn der unweit des Turmes fließende Harbach war damals die Grenze zwischen dem Hoheitsgebiet der Freien Reichsstadt Rothenburg ob der Tauber und der Markgrafschaft Ansbach.

Das Profil der Wallanlage bestand aus einer dreifachen, parallel verlaufenden Erdaufschüttung. Die zwei äußeren Wälle waren mit undurchdringlichen Sträuchern überwuchert.

Die Rothenburger Landhege, auch Rothenburger Landwehr genannt, erstreckte sich auf 62 Kilometern und umfasste ein etwa 350 Quadratkilometer großes Gebiet um Rothenburg ob der Tauber. Beschlossen wurde sie vom Rothenburger Stadtrat 1420, fertiggestellt 60 Jahre später. Sie schützte das Gebiet mit etwa 163 Ortschaften und 40 Burgen vor Plünderungen, war etwa 20 Meter breit und bestand meist aus drei Wällen und zwei Gräben. Gepflegt wurden die undurchdringlichen Hecken von den Hegemeistern. Die wichtigen Durchlässe wurden durch insgesamt neun Landtürme gesichert, an denen auch Zoll erhoben wurde. Einer davon ist der Großharbacher an der Brücke im Dorf.

Schaut man genau hin, sind heute noch Reste der Rothenburger Landhege in der Großharbacher Flur zu sehen.

Adresse Großharbach 18, 91587 Adelshofen | **Anfahrt** A 7, Ausfahrt Langensteinach; die nächste Ortschaft Richtung Tauberzell ist bereits Großharbach. Der Landturm steht kurz vor dem Ortsausgang Richtung Neustett. | **Tipp** Entdecken Sie den Rundwanderweg »Auf den Spuren des Hegereiters« zu Fuß oder mit dem Rad. Die knapp zehn Kilometer Weg mit zwei kürzeren Steigungen sind relativ flach und befestigt, daher ganzjährig befahrbar. Start und Ziel ist am Landturm Großharbach.

35 Die historische Grenze
Stumme Zeugen der Rothenburger Landhege

Mit 400 Quadratkilometern war die Rothenburger Landhege einst das drittgrößte Landhegegebiet Deutschlands. Die historischen Grenzsteine, welche die Landhege markierten, also die Grenze, die von Reitern überwacht wurde, sind heute noch an vielen Stellen der Frankenhöhe zu bestaunen. Sie markierten einst die Herrschaftsgebiete, regelten den Warenverkehr. So betrug der Zoll 1650 beim Viehverkauf beispielsweise für jedes »schwere und kostbare Pferd: 3 Kreutzer. Jedes schlechte Ackerpferd: 2 Kreutzer«. Auf ihnen finden sich Initialen sowie verschiedene kunstvolle Herrschaftsinsignien, wie HG für Hohenlohisches Gebiet oder R1 für Rothenburg, weshalb auch das rothenburgische Wappen auf den Grenzsteinen prangte. Nach altem Brauch wurden beim Verlegen der Steine, bei der Versteinung, Jungen aus den anliegenden Grenzorten geholt, damit diese sich die Standorte der Grenzsteine einprägten, wofür sie entlohnt wurden.

Und auf dem höchsten Punkt der Frankenhöhe, gleich bei der Ochsentretanlage, findet sich eine Sammlung von ehemaligen Grenzsteinen: es sind biblische sieben an der Zahl. Man möchte kritteln – neben einem alten Güllewagen und einem Strohanhänger? Doch wie die Grenzsteine waren auch dies Dinge des Alltags der Menschen damals. Einige Flurbereinigungssteine sind aus Granit, wie sie heute zu finden sind. Wie auch ein Königlicher Waldgrenzstein mit den Initialen KW, der einst in Langerfürst zwischen Schillingsfürst und Leutershausen stand.

Auf einer Holzbank kann gerastet, und auf einer groben steinernen Tischplatte können die Jause und ein Seidla Bier ausgepackt werden. Der Ausblick ins Tal, auf Streuobstwiese, Häuserdächer, Felder und Wälder, ist einfach grandios. 2005 wurden anlässlich des 75-jährigen Jubiläums der Vereinigung der Feldgeschworenen Schillingsfürst und seiner Umgebung ein Erinnerungsstein aufgestellt und eine Erinnerungslinde gepflanzt.

Adresse Brunnenhausweg 25, 91583 Schillingsfürst | **Anfahrt** über Ausfahrt Wörnitz der A 7 fünf Kilometer folgen, über Ausfahrt Feuchtwangen-Nord der A 6 sieben Kilometer folgen | **Tipp** Wandern Sie entlang des Verlaufes der historischen Grenze zwischen den ehemaligen Fürstentümern Brandenburg-Ansbach und Hohenlohe-Schillingsfürst von 1804. Insgesamt umfasst die Strecke 26 Kilometer. Eine Karte ist in der Touristinfo in Schillingsfürst erhältlich.

36 Die Kreuzeiche
Die Königin der Bäume

Mit seinem Kopf unterm Arm soll Hans Roi des Nachts auf einem schwarzen Rappen wie irr um Eiche und Berg herumgaloppiert sein. Vielleicht weil die Eiche als »Königin der Bäume« und als sogenannter Wächterbaum gilt: Durch ihre wuchtigen, knorrigen Hauptäste und die Krone prägt sie den schmalen Ausläufer der Frankenhöhe ungemein. Andererseits gebietet sie mit ihrer ausladenden Gestalt, dem monumentalen Stamm und den elefantenfußartigen Wurzelansätzen wie eine Königin über ihre nahe Umgebung. Und auch wenn eine Königin eher nimmt denn nährt, so nährt die Eiche etwa 1.000 verschiedene Arten wie Schmetterlingsraupen, Käfer und viele mehr.

Woher sie ihren Namen hat, ist nicht schlussendlich geklärt. Für die einen wurde die Kreuzeiche nach der außergewöhnlichen Kronenarchitektur der Hauptäste benannt, von denen einer nach Norden und der andere nach Süden zeigt, was auf den Erdmagnetismus hinweisen soll. Für andere wurde sie Kreuzeiche genannt, da sie dort wächst, wo sich früher alte Höhenwege kreuzten.

Langsam wächst sie, die alte Kreuzeiche, deren Brusthöhenumfang bereits 1990 sechs Meter betrug. Heute dürften es um die sechseinhalb Meter sein, und es bedarf sechs Erwachsener, sie zu umarmen. Nach dem Zweiten Weltkrieg wurden die Äste gestutzt und gestärkt, was ein Grund sein dürfte, dass sie heute noch in einem derart prächtigen Zustand ist. Und auch wenn es heißt, die Eiche sei der stärkste aller Bäume, brach dennoch vor einigen Jahren ein Ast herunter, aus dem dann die Bank davor gezimmert wurde. Das Holz anderer Eichen wurde außerdem seit jeher für Speichen, Kutschenkästen oder Schlitten verwendet, und auch heute bauen noch Zimmerer zum Beispiel Barrique-Weinfässer daraus. Nicht nur die Kreuzeiche weiß einige Geschichten aus ihrem 600 bis 1.000 Jahre altem Leben zu berichten, auch ranken sich um sie einige Sagen, die vor Ort nachzulesen sind.

Adresse Bocksberg, Hürbel am Rangen, 91611 Lehrberg | **ÖPNV** RE 80/90, IC, S 4 bis Station Lehrberg | **Anfahrt** über B 13 bis Lehrberg, dann Richtung Hürbel am Rangen | **Tipp** Wandern oder reisen Sie mit dem Fahrrad an. Die Kreuzeiche und die nachfolgenden Generationen werden es Ihnen danken. Zahlreiche Wanderwege führen von Ansbach, Colmberg oder Lehrberg zur Kreuzeiche.

37 Der Weinwanderweg
Bacchus auf den Fersen

»Die stille Freude wollt ihr stören? / Laßt mich bei meinem Becher Wein …«, forderte schon Goethe. Was für ein Glück, dass die Frankenhöhe vom Weinbau geprägt ist. Besonders eindrücklich kann dies auf dem Ipsheimer Weinwanderweg erfahren werden. Auf 45 Hektar Rebfläche wird dort um die eindrucksvolle Burg Hoheneck Wein angebaut. Der Wanderweg kann je nach Fitnessgrad in verschieden lange Runden aufgeteilt werden: zwei Stunden für die Fitten oder eine leichte Wanderroute ohne größere Steigungen von vier Kilometern. Falls möglich, ist die große Route empfehlenswert, die durch mediterran anmutende Weinberge und an einer 2010 erbauten Kapelle im Weinberg vorbei, den sogenannten Kapellenweg, entlangführt. Weiter geht es auf engen Pfaden, durch wilden Wald hinauf zur Burg Hoheneck. Diese von den Einheimischen »Di Honäck« genannte, auf dem Bergsporn des Bühlbergs 1132 erstmals urkundlich erwähnte Burg wurde im Laufe ihres Lebens mehrfach zerstört und wieder aufgebaut. So wüteten 1381 die Windsheimer Bürger und machten sie dem Erdboden gleich, weil dort »Raubadel« lebte.

Burg Hoheneck ist lediglich an bestimmten Tagen zu besichtigen, da sie als Jugendbildungsstätte des Kreisjugendringes Nürnberg-Stadt dient.

Von der Burg aus geht es an einem Eichenwald entlang, in dem der Specht klopft und der Eichelhäher krächzt. Da die Asphaltstraße neben dem Weg verläuft, sollten Sie unbedingt am Waldrand entlang weiterwandern. Die Asphaltstraße muss allerdings überquert werden, um auf der überdimensionalen Bank zu rasten und den Ausblick auf Ipsheim, zwischen dem Naturpark Frankenhöhe und dem Steigerwald, zu genießen. Im Winter können inmitten der Weinberge die in Schwärmen aufsteigenden Wacholderdrosseln bestaunt und deren Konzert gelauscht werden.

Zurück in Ipsheim erkennt man, dass hier alles auf den Wein ausgerichtet ist, sei es durch einen Weinautomat oder Scheunenstube.

Adresse Der Wanderweg startet am Bahnhof in 91472 Ipsheim | Anfahrt von Nürnberg aus über die B 8 und B 470 oder Regionalbahn RB 81 bis Ipsheim | Tipp Falls Sie den Weinwanderweg in eine Tagestour oder sogar in einen der dort vorbeiführenden Fernwanderwege einbetten wollen, können Sie den 200 Meter östlich der Burg Hoheneck gelegenen Wanderparkplatz als Ausgangspunkt nehmen.

LANGENSTEINACH

38 Die Keltenschanze
Vorsicht, fliegende Römer!

Paff! Kracks! Boing!, die Schlägerei im Wald bei Langensteinach ist nicht zu überhören. »Diese Spinner!«, brüllt ein römischer General verschreckt hinter einem Baum und zuckt zusammen. »Die Römer«, ruft der liebenswürdige Obelix, der als Kind in den Zaubertrank gefallen ist, und bremst zusammen mit seinem spitzgescheiten Freund Asterix, dass es nur so staubt. Geben Sie bitte acht, dass Ihnen kein Römer auf den Kopf fällt oder ein flüchtendes Wildschwein über den Haufen rennt, denn hier ist gerade eine Keilerei zwischen unbeugsamen Galliern, besser unter dem Namen Kelten bekannt, und Römern im Gange. In den Asterix-Bänden gibt es immer wieder Hinweise darauf, dass die Gallier zur Volksgruppe der Kelten zählten, beispielsweise wenn in »Asterix bei den Belgiern« Majestix, Asterix und Obelix als »Kelteken« tituliert werden.

Aber zurück zu den Kelten in der Frankenhöhe, zur Keltenschanze bei Langensteinach. Leicht zu finden ist er nicht, der Weg dorthin. Am besten, Sie starten in Langensteinach bei der Markgrafenkirche Peter und Paul und gehen bergab und ortseinwärts Richtung Uffenheim. Sie queren weiter die Umgehungsstraße und bleiben auf der schmalen Straße Richtung Pfeinach. Nach ungefähr einem halben Kilometer biegen Sie rechts ab in den Wald Buchholz. Folgen Sie dem Waldweg, über die A 7. Nach circa zwei Kilometern gelangen Sie rechter Hand zu einer gelben Tafel »Keltenschanze 200 m« beziehungsweise dem rot-gelb-schwarzen Wanderweg der Kelten, der mit einem Trinkhorn markiert ist. Die riesige einstige Wallanlage der Kelten befindet sich rechts im Wald. Hierbei handelt es sich um eine dreiteilige, drei Hektar große Tempelanlage der Kelten, eine Kultstätte, in der bei Ausgrabungen 1954 Münzen und Tonscherben gehoben wurden.

Und vielleicht können Sie dort ja sogar Obelix freudig ausrufen hören: »Ein Wildschwein, beim Teutates!« Oder Sie entdecken Troubadix, wie er verbannt auf einem Baum sitzt und dort eine schräge Melodie klimpert.

Adresse 97215 Uffenheim, Ortsteil Langensteinach | **Anfahrt** A 7, Ausfahrt Langensteinach. Dann dem Weg wie beschrieben folgen. | **Tipp** Strahlend weiß blühen nur einen Steinwurf vom Wald entfernt zahlreiche Märzenbecher nördlich von Vorderpfeinach, links dem Feldweg folgend.

LENGENFELD

39 — Der Wasserscheideweg
Apfel, Birne und Pflaume zu Wasser lassen

»Wir sind alle Wasser aus verschiedenen Flüssen. Das macht es so leicht, sich zu treffen«, stellte schon Yoko Ono fest, die Witwe des Beatles John Lennon – auch wenn sie damit sicherlich keine Wanderung auf dem Europäischen Wasserscheideweg meinte, der am 21. Juni 2008 mit einem fulminanten Wanderfest eröffnet wurde. Dabei spritzten Fontänen in zwei verschiedene Richtungen, die versinnbildlichen sollten, was sich entlang dieses Weges unter der Erde vollzieht: Das Wasser fließt auf der einen Seite nach Norden zur Nordsee und auf der anderen Seite nach Süden zum Schwarzen Meer, die Wasserscheide trennt die beiden Flusssysteme des Rheins und der Donau. Die Frankenhöhe ist integraler Bestandteil der Wasserscheide, die von Spanien bis in den Ural verläuft. Aufgrund des starken Gefälles des Mains ist der Zufluss bei ihm im Gegensatz zu den schwerfällig dahinbummelnden Zuflüssen der Donau viel stärker. Ganz praktisch äußert sich dies auf der Frankenhöhe darin, dass die Altmühl und Wörnitz nur noch Richtung Südosten beziehungsweise Richtung Süden der Donau zufließen, während die fränkischen Flüsse Rezat und Bibert ihr Wasser der Rednitz und damit schlussendlich dem Main schenken.

Anschaulich dargestellt wird die Wasserscheide in Lengenfeld, das direkt am europäischen Wasserscheideweg liegt. Denn an der Garage von Paul Osti scheidet sich das Wasser an den zwei Dachseiten. Das wäre erst einmal nichts Besonders, wenn nicht von der einen Regenrinne das Wasser in die Nordsee, von der anderen Regenrinne das Wasser in das Schwarze Meer fließen würde. Eine Malerin hat dies auf der Fassade mit verschiedenen Obstsorten als Symbol versinnbildlicht. Der Apfel steht auf der Seite des Rheins, und Birne und Pflaume stehen auf der Seite der Donau. Wie passend für den Besitzer der Garage, der auch Schnapsbrenner ist, bei dessen Prozedur das Wasser keine unwesentliche Rolle spielt und bei dessen Genuss sich die Menschen treffen.

Adresse Ansbacher Straße, 91578 Leutershausen-Lengenfeld | **Anfahrt** Ab Ansbach St 2246 Richtung Schalkhausen-Leutershausen. Das Wasserscheidehaus Lengenfeld ist mitten im Ort direkt an der Straße zu finden. | **Tipp** Im Nachbarort Elpersdorf findet sich der kunstvoll gestaltete Wasserscheidebrunnen, der auf dem Wasserscheideweg in kurzer Zeit erreicht werden kann.

40 Die Wasserburgruine
Zurück in die Vergangenheit

»Sie mögen uns das Leben nehmen, aber niemals nehmen sie uns unsere Freiheit!«, glaubt man Mel Gibson alias William Wallace wie in »Braveheart« von der Burg hinunterrufen zu hören, die sich hinter Eichen versteckt. Fehlt nur noch, dass er ein Schild mit dem Wappen der Familie Leonrod zum Schutz vor den angreifenden Truppen vor sich hält: Silber mit einem schrägen roten Balken, darüber ein Helm mit rot-silbernen Decken und zwei Büffelhörnern. »Derer von Löwenrod«, wie das fränkisch-schwäbische Adelsgeschlecht einst auch genannt wurde, erlosch im Jahre 1951.

»Betreten verboten!« steht als deutlicher Hinweis nahe dem sehr gut erhaltenen, vorgelagerten Rundturm der Wasserburg. Obwohl die Burg selbst marode und verfallen ist, hat sie nichts von ihrer historischen Faszination eingebüßt. Gerade an einem frühen Morgen im Herbst, wenn der Nebel über dem Wasser wabert, die Vögel zwitschern und die Sonnenstrahlen durchscheinen.

Die im 13. Jahrhundert erbaute Ganerbenburg, eine opulente Burganlage, in der gleich mehrere Familien lebten, überlebte zwar den Dreißigjährigen Krieg. Jedoch schichteten im Jahre 1651 Knechte Reisighaufen im tiefen Burggraben auf und entzündeten das Gestrüpp. Die Flammen wurden größer und größer, bis sie schließlich auf die Burg übergriffen. Die Flammen fraßen gierig auf, was ihnen unter die lodernden Zungen kam. Das einen Steinwurf über dem einstigen Burggraben stehende Jägerhaus mit Walmdach stammt aus dem 17./18. Jahrhundert. Jägerhaus und Burgruine gehören einer Erbengemeinschaft, die sich auf ausgestorbene Adelsgeschlechter beruft. Die Leonrodplätze in München und Eichstätt erinnern an die Adeligen, denn im Bistum Eichstätt galt die Familie als hohe geistliche Würdenträger. Doch keiner dieser Plätze wird einem eine derart wildromantische Reise ins Mittelalter ermöglichen wie eine Reise zur Ruine der Wasserburg »Derer von Löwenrod«.

Adresse Leonrod, 90599 Dietenhofen | **Anfahrt** Ab Dietenhofen auf AN 24 Richtung Leonrod. Vor dem Dorfeingang rechts führt ein Feldweg in den Wald. Rechts hinter den Bäumen versteckt sich die Burgruine. | **Tipp** Linker Hand des Wasserschlosses befindet sich vor dem »Jägerhaus« die sehenswerte und 1327 errichtete Kapelle St. Georg.

LEUTERSHAUSEN

41 Der Flugpionier
Hoch hinaus

Es ist ja nichts Ungewöhnliches, dass über Verstorbene und deren Lebenswerk diskutiert wird. Im Falle von Gustav Weißkopf tobte aufgrund widersprüchlicher und dürftiger Quellenlage lange eine Diskussion darüber, ob er nun der erste Motorflieger war oder die Gebrüder Wright zweieinhalb Jahre später.

Vielleicht lag es an seinem Geburtsdatum, dass er nach Neuem strebte: Weißkopf wurde an Neujahr 1874 in Leutershausen geboren, sodass er von frühester Jugend an davon träumte zu fliegen. Er tüftelte, werkelte und schraubte an seinem Traum, wodurch er sich vielleicht dem schmerzhaften Tod beider Elternteile in Kindertagen entzog. Er begann mehrere Ausbildungen, arbeitete als Tagelöhner, wanderte nach Südamerika aus und flog in Brasilien Segelflugzeuge. In Chile studierte er den Flug der Kondore und am Kap Horn den der Albatrosse. Um deren Spannweite im Verhältnis zum Gewicht festzuhalten, soll er von jeder Gattung einen Vogel gefangen haben. Dann emigrierte er in die USA, wo er sich Gustave Whitehead nannte, eine Familie gründete und Nachtwächter wurde, um tagsüber an seinem Traum vom Fliegen arbeiten zu können.

Und da kam es, wie es kommen musste: Weißkopf gelang mit seinem Arbeitskollegen Louis Darvarich im »April oder … Mai 1899 …, seine von einem Dampfmotor angetriebene Maschine vom Boden abzuheben. Der Flug in etwa acht Meter Höhe erstreckte sich etwa über eine Meile. Er fand in Pittsburgh statt, und zwar mit Mr. Whiteheads Eindecker. Dabei gelang es uns nicht, ein dreistöckiges Gebäude zu umfliegen, und als die Maschine abstürzte, trug ich von dem Dampf schwere Verbrennungen davon, denn ich hatte den Kessel beheizt.«

2013 unterzeichnete der US-Bundesstaat Connecticut ein Gesetz, das Gustav Weißkopf aus Leutershausen attestiert, den ersten offiziellen Motorflug der Geschichte unternommen zu haben. Und genau dies bestätigte Ende 2022 in seiner Masterarbeit Quirin Hoesch in einer Computersimulation.

Adresse Deutsches Flugpionier-Museum, Plan 6, 91578 Leutershausen; Denkmal: Untere Vorstadt 3 | **ÖPNV** RE 90 oder S 4 bis Leutershausen-Wiedersbach, dann einen Kilometer Fußweg | **Anfahrt** B 14 bis Leutershausen, dort Richtung Friedhof | **Tipp** Bis zur Eröffnung des Museums kann das beeindruckende Gustav-Weißkopf-Denkmal am Kirchweihplatz in Leutershausen besucht werden – ein Obelisk mit einer Flugzeugskulptur, die eine Nachbildung seiner Flugmaschine Nr. 21 darstellt. Ein ähnliches Denkmal befindet sich in Bridgeport / Connecticut (USA). Aktuelles: www.weisskopf.de

LEUTERSHAUSEN

42 Das Mosaikhaus
Die Welt zu Gast bei Burkhard Rühl

Seine Radreisen durch Afrika, Asien und Südamerika stehen dem 1943 geborenen Künstler Burkhard Rühl aus Leutershausen nicht nur ins wettergegerbte Gesicht geschrieben. Sie haben sich auch in und an seinem kleinen Häuslein verewigt, das Tür an Tür mit dem Friedhof am Rande von Leutershausen steht.»Mir war es immer wichtig, in meinem Leben Zeit zu haben«, sagt er, nachdem er in seinen Garten mit den mosaikgeschmückten Hauswänden geladen hat. Im Schatten eines Apfel- und eines Zwetschgenbaumes zeigt er auf die mosaikgeschmückte Wand aus zerbrochenen Tassen und Tellern aus der ganzen Welt: Rühls Lebenswerk.

»Eine Radreise von Nürnberg nach Afrika« hat er in seinem gleichnamigen Buch festgehalten, die ihn vom Mai 1988 knapp ein Jahr lang mit dem Rad über Südosteuropa, die Türkei, Syrien, Jordanien, die Sinai-Halbinsel und bis auf den afrikanischen Kontinent führte, den er dann von Kairo bis nach Vorderasien durchquerte. Diese Reise hat auch Eingang in seine Figuren gefunden: dunkelhäutig mit Pfauenfedern im afrikanischen Stil oder eckig mit den bunten Farben indigener Kulturen im lateinamerikanischen Stil. Außerdem sind Collagen, farbige und surrealistische schwarz-weiße Tintenbilder und auch psychedelisch anmutende textile Bilder und Arbeiten und noch viel mehr zu entdecken. In seinen Ausstellungen zeigt er seine bunten Ornamente oder verwitterte Hölzer mit Wurmfraß – gestaltgewordene Memoiren seiner Reisen.

Auch das Gedicht »Dialektik« stammt aus seiner Feder: »Das Sein und die Idee / Gedanken und Tat / schöpfen gegenseitig voneinander / zeugen und gebären sich miteinander / und einer aus dem anderen.« Wer sich ganz praktisch davon überzeugen möchte, sollte keine Zeit verlieren und Burkhard Rühls Mosaikhaus besuchen. Auf die Frage, ob er Besucher empfange, antwortet er: »Ich habe in meinem Leben auf der ganzen Welt so viel Gastfreundschaft erfahren, was kann ich anderes machen, als sie weiterzugeben.«

Adresse Jochsberger Straße 10, 91578 Leutershausen; am besten vorher anmelden: 09823/926642 | **ÖPNV** RE 90 oder S 4 bis Leutershausen-Wiedersbach, dann einen Kilometer Fußweg | **Anfahrt** B 14 bis Leutershausen, dort Richtung Friedhof | **Tipp** Burkhard Rühl hat auch eine Bank vor der Stadtbibliothek Leutershausen (Am Ochsenhof 3) gestaltet, auf der man zum Beispiel ganz wunderbar seine Bücher lesen kann.

MARKT ERLBACH

43 — Der Kinderwald
Eine zauberhafte Welt erschaffen

Es gab einmal eine Zeit, als zahlreichen Familien die Decke auf den Kopf fiel. Da erschien einer Mama des Jugendbeirats Markt Erlbach in der Nacht eine Fee, die den Wunsch äußerte, sich im nahen »Bäckerholz« mit ihren Freundinnen niederzulassen, genau dort, wo die kopfgroßen Schwarzbeeren gediehten. Und ja, auch Baumgeister in der Nachbarschaft wären fein.

Da dort bereits ein Kinderwald mit vielen verschiedenen von Kindern gepflanzten Bäumen bestand, ward dieser Platz auserkoren. Nun strahlt uns dort vor einem Baum ein getöpferter Kopf an, gestaltet von den Bewohnern eines AWO-Heims und einer Arbeitsgruppe des betreuten Wohnens für Menschen mit psychischen Störungen. Die Baumschilder stammen von Herrn Deutschländer, einem 86-jährigen Ex-Förster, der im gesamten Gemeindegebiet Holztafeln geschnitzt hat.

Nach der offiziellen Eröffnung durch das Amt für Feenwesen tauchten ständig neue Bauten auf, die vermutlich die Feen selbst gebaut hatten. Eine Floristin steuerte zwei Bäume bei, und ein Holzkünstler aus Hessen spendet immer neue Elfentüren. Innerhalb der letzten zwei Jahre sind sieben Gästebücher von etlichen hundert Besuchern gefüllt worden. Sogar aus Argentinien, den USA und England sind Feen bis nach Markt Erlbach gereist. Doch egal, woher er oder sie kommt, jeder darf hier etwas dazubauen. Die Feen bitten aber darum, auf Plastik zu verzichten und keine Baustoffe von anderen Bauten zu nehmen. Dafür bieten sie immer wieder kleine Überraschungen, wie beispielsweise einen Perlenschatz, aus dem Feen-Perlenketten geschnürt werden können. So müssen die Kinder ihre Phantasie einbringen, eine gänzlich neue Welt erschaffen, damit sie sich ihrer Selbstwirksamkeit bewusst und zu Feen werden.

Die Feen finden es auch wichtig, dass sie zum Ziel von Spaziergängen in der Natur werden, die keinerlei Eintritt verlangen. Denn mit Geld haben sie schlechte Erfahrungen gemacht.

Adresse am Ende des Zennhäuser Weges, 91459 Markt Erlbach | **ÖPNV** RB 12 (Zenngrundbahn) bis nach Markt Erlbach. Nach den Bahngleisen zweimal links – gehen Sie die Frankenstraße bis zum Ende, danach circa 500 Meter Feldweg. | **Anfahrt** Staatsstraße Langenzenn Richtung Bad Windsheim. Nach Markt Erlbach links Richtung Ansbach; am Ortsende links mit Blickrichtung Waldstück parken. | **Tipp** Besuchen Sie nach dem Feenwald im Rahmen eines Spaziergangs den berühmten Spielplatz in Eschenbach an der Waldstraße mit Bummelzug, Helikopter, Holzpferd und vielem mehr und fahren Sie von dort mit dem Zug nach Hause.

MARKT ERLBACH

44 Der Naturlehrpfad
Alleinheit mit der Natur

Ein Handyklingelton tönt von der Wiese am Waldrand herüber – doch kein Mensch ist zu sehen, dem es gehören könnte. Stattdessen fliegt ein schillernder Schwarm Stare in die Luft.

Der Naturlehrpfad beginnt am Waldrand mit Geschichten aus dem Leben eines Feldhasen. Dabei erfährt man, dass dieser Geschwindigkeiten von bis zu 80 km/h erreichen kann und sich männliche Hasen in der Fortpflanzungszeit Wettläufe liefern und boxen. Dem Gewinner gebührt die Häsin. Enorm wichtig ist die nächste, liebevoll und ansprechend gestaltete Tafel »Findelkinder in Not«. Doch wann ist ein junges Tier wirklich in Not? Erste-Hilfe-Tipps zeigen, wie man sich im Ernst- und auch im Zweifelsfall zu verhalten hat. »Aus dem Leben eines Mäusebussards« wird ebenso erzählt wie von »Wildbienen und Waldbienen«.

Auch die Mitmachgelegenheiten kommen nicht zu kurz. So kann man mittels eines kupferfarbenen Hörrohres, das ein wenig an den Lautsprecher eines Grammophons erinnert, hören, wie der Wald klingt. Fragen laden dazu ein, das Gehörte zu verifizieren. Auf einen kindergroßen, durchlöcherten Uhu können an der »Wurfstation« Tannenzapfen geworfen werden, was große Freude bereitet und gerade im verschneiten, klirrend kalten Wald aufwärmt. An der Station der Weinbergschnecke fehlt leider eine ihrer markantesten Eigenschaften: nämlich, dass es sich bei ihr um ein Zwitterwesen handelt, wodurch eine Gemeinsamkeit mit den Menschen nicht genannt wurde. Sogar der Brennnessel wird eine Lanze als verkanntes Genie geschlagen. Sowohl ihr Nutzen für die Menschen als Heilpflanze als auch ihre Bedeutung für Schmetterlingsraupen sind dargestellt.

Der Naturlehrpfad umfasst insgesamt 14 Schilder, weitere wurden von Naturbegeisterten vor Ort erschaffen und aufgestellt. Auch Erwachsene können hier lernen, sich als Teil der schützenswerten Natur zu fühlen. Und welches Tier gerne Handyklingeltöne imitiert …

Adresse am Ende des Zennhäuser Weges, 91459 Markt Erlbach | **ÖPNV** RB 12 (Zenngrundbahn) Markt Erlbach; nach den Bahngleisen zweimal links – Frankenstraße bis zum Ende, danach circa 500 Meter Feldweg | **Anfahrt** Staatsstraße Langenzenn Richtung Bad Windsheim. Nach Markt Erlbach links Richtung Ansbach; am Ortsende links mit Blickrichtung Waldstück parken. | **Tipp** Eine Anreise mit der Bahn bis Markt Erlbach und eine Wanderung durchs Feuerbachtal über den Naturlehrpfad bis zum Kinderwald schont die Umwelt und die darin lebenden Tiere.

MARKTBERGEL

45 Der Petersberg
Das Gipfelkreuz auf der Frankenhöhe

Streuobstwiesen säumen den Hang zum Petersberg, dieser sagenumwobenen Erhebung, diesem weithin sichtbaren 500 Meter hohen Bergkegel am Rande der Frankenhöhe. Auf seinem hohen Gipfel thront ein hölzernes Gipfelkreuz und wirft seinen Schatten in das weithin überschaubare Land des tiefen Aischtales bei Bad Windsheim.

Hartnäckig hält sich der Mythos vom verborgenen unterirdischen Gang, der vom Petersberg in die Marktbergler Kirche St. Kilian führt. Im Mittelalter kulminierte dort der Hexen-Aberglauben, weshalb die Kirche um 1350 eine Kapelle mit Doppeltürmchen auf der Kuppe errichtete und sie den zwei stärksten Aposteln Petrus und Paulus weihte.

Eine zweite Sage weiß vom Schatz im Petersberg zu berichten. Gefunden hat ihn bis heute allerdings niemand. Finden werden dagegen die Kinder die »Blaue Hexe«, die auf den Wegweisern des Erlebnispfades die Richtung weist. Am Rande dieses Weges und auch später erweitern 15 bunte Infotafeln das Wissen rund um den Petersberg für Groß und Klein spielerisch. So gibt es eine Wetterstation, Bienenwaben und einen Summstein. Der Weg ist komplett barrierefrei, also komplett mit Kinderwagen und Rollstuhl befahrbar, und die Tafeln sind in leichter Sprache verfasst. Darauf erfährt man unter anderem etwas über die drei auf dem Petersberg gedeihenden Enzianarten oder auch über selten gewordene Tiere wie die Kreuzkröte oder den Feldschwirl. Insgesamt sind auf und um den Petersberg und der Frankenhöhe über 700 Pflanzenarten zu finden, was doppelt so viele sind wie im Schnitt im gesamten Mittelfranken. Bis man ein Foto unter dem Gipfelkreuz machen kann, muss man um die dreieinhalb Kilometer zurückzulegen, die ab der fünften Station durchaus festes Schuhwerk und eine gewisse Kondition erfordern. Schauen Sie von dort aus rückwärts auf Markt Bergel und Burgbernheim, und Sie werden die steinalte Stufenlandschaft erkennen, wie sie in mehreren Stufen abfällt.

Adresse Petersberg, 91613 Marktbergel | **Anfahrt** B 13, Ausfahrt Marktbergel, Parkplatz am Sportplatz des TSV nahe der B 13 | **Tipp** Eine Wanderung auf den Petersberg ist gerade in den ersten Maientagen attraktiv, da dann die Obstbäume in voller Blüte stehen und ein wahrer Augenschmaus sind.

46 Die Stadtmauer
Umgeben von alten Steinen

Das Zenntal strahlt vor bescheidener Schönheit und wirkt stellenweise wie eine stille, verträumte Welt. Die nahezu durchgehend erhaltene historische Stadtmauer in Neuhof an der Zenn fügt sich dort gar treffend ein. Sie grenzt an Gemüse- und Blumengärten und ist einmalig in ihrer Ursprünglichkeit. Nicht zuletzt, da Neuhof auf einer Terrasse liegt, nordwestlich unter dem Kolmberg, im Rücken der Altstadt ein unbebauter Hang mit Wald- und Wiesenflächen. Würde man im dort anzutreffenden Lehrbergton graben, träte unter anderem die aus der Eiszeit stammende, spiralig aufgewundene Turmschnecke *Turritella theodorii* zutage.

1249 wird der Ort als Wirtschaftshof der ehemaligen Zisterzienserabtei Heilsbronn neu gegründet. Zu seinen Füßen läuft der Hang in Feldern zum Zenngrund aus, die im ausgehenden 13. Jahrhundert von Klerus und Adel an sogenannte »Grundholende« abgegeben wurden, die ihnen im Gegenzug Naturalien als Pacht überlassen mussten, da die Landwirtschaft ihren Zenit überschritten hatte und nicht mehr genügend Ertrag einbrachte.

Die ansehnliche Stadtmauer umschließt Neuhof im Rechteck, diente dem Kloster als Schutzmauer und wurde um 1400 aus Bruchstein- und Quadermauerwerk aus der nachmittelalterlichen Zeit erbaut. Immer wieder sind darin Türdurchbrüche zu finden, hinter denen heute die fruchtbare Erde etwas Essbares schenkt. Ausnehmend gut ist die Stadtmauer nördlich und östlich des Ortes erhalten. Längs des Hügelkamms und der Marktbefestigung verläuft die Hauptverkehrsader, auf denen früher die Neuhofer mit ihren Fuhrwerken und um 1914 der Pferdepostomnibus auf die sogenannte Frankenstraße führte, die Verbindung zwischen Nürnberg und Frankfurt. Die Häuser innerhalb der Stadtmauer sind dörflicher Natur, Fachwerkbauten des 17. bis 19. Jahrhunderts, Satteldachhäuser und Fachwerkgiebel.

Gerade im Winter ist die Stadtmauer im beschaulichen Zenntal eine verschneite Freude.

Adresse 90616 Neuhof an der Zenn | **Anfahrt** Über die Staatsstraßen von Ansbach oder Wilhermsdorf bis Neuhof an der Zenn. Parken können Sie im historischen Ortskern. | **Tipp** Nehmen Sie sich Zeit für einen Spaziergang an der Stadtmauer entlang, die ein Stelen-Rundweg begleitet und auf dessen Tafeln über die Geschichte von Neuhof an der Zenn informiert wird.

47 — Das Wasserschloss
Granatapfelblüte und Gastfreundschaft

Wenn man Glück hat, trifft man einen der Bewohner des erstmals 1354 erwähnten Wasserschlosses am wuchtigen Tor mit Hammer und Stemmeisen an, wenn die Holzsplitter nur so um ihn herumfliegen, dass es eine wahre Freude ist. Dann legt er gerade Hand an, um die Pforte in den nostalgischen Innenhof zu reparieren, damit sie wieder einwandfrei geschlossen werden kann.

In dem markanten quadratischen Innenhof mit Seitentürmchen aus der Renaissancezeit finden sich noch aufgetürmte Scheite in einer Feuerstelle vor einer Bank, verkohltes Holz zeugt von den Flammen und der Geselligkeit der letzten Nacht. Wendet man seinen Blick nach oben ins Obergeschoss, glänzen Holzgalerien mit Baluster. Baluster hat seinen Wortursprung gleich in verschiedenen Sprachen und bedeutet aufgrund der glockenähnlichen Blütenform des Granatapfelbaumes so viel wie »Granatapfelblüte«. Sie ist also die niedrige Einzelsäule einer Balustrade.

Ein Dutzend Wohnungen sind auf etwa 1.400 Quadratmeter Fläche verfügbar, von denen lediglich ein Teil bewohnt ist. An den Ecken und in der Mitte der Gebäudeflügel befinden sich Zeltdachtürmchen. Wenn man den Innenhof wieder verlässt und auf der Steinbrücke den Trockengraben überschritten hat, ist das ehemalige Wasserschloss auch aufgrund der sieben Türme von außen eine wahre Augenweide, trotz des morbiden Charmes, den die fleckige-ockerfarbene und renovierungsbedürftige Fassade ausstrahlt. Im Wasserschloss residierte der Klostervogt Heilsbronn, dem Neuhof unterstellt war. Später fungierte es als Kastenamt Neuhof und hatte die Herrschaft über zahlreiche Dörfer und Gemeinden in der Umgebung inne, was nach der Säkularisation das Fürstentum Bayreuth übernahm. Zwischen 1570 und 1573 wurde es für den Markgrafen Georg Friedrich ausgebaut, damit er es als Jagdsitz im Zenngrund besuchen konnte. Im 19. Jahrhundert wurde es ganz pragmatisch zu einer Gerberei umfunktioniert.

Adresse Schloßstraße 14, 90616 Neuhof an der Zenn | **Anfahrt** über die Staatsstraßen von Ansbach oder Wilhermsdorf bis Neuhof an der Zenn | **Tipp** Wenn Sie ein paar Schritte am Trockengraben entlang Richtung Langenzenn gehen, gelangen Sie zu einer gemütlichen Bank mit Blick auf eine Streuobstwiese.

NEUSITZ

48 Die Neusitzer Steige
Ein Mord und seine Folgen

Der Mord an Hans Heilig brachte im Jahre 1558 die Welt um Rothenburg ins Wanken. Denn die freie Reichsstadt Rothenburg ordnete damals an, den Leichnam von Hans Heilig auf dem Neusitzer Friedhof zu begraben. Allerdings geschah der Mord auf einer Altstraße, der sogenannten Neusitzer Steige, die streckenweise bereits seit dem 8. Jahrhundert von Rothenburg nach Ansbach führte. Da Hans Heilig als Ansbacher Bote eine Nachricht nach Rothenburg liefern sollte, forderte Ansbach, dass der Tote herausgegeben werden sollte. Rothenburg dagegen weigerte sich, da sich die Tat nach ihrer Meinung auf städtischem Boden zugetragen habe und sie den Mörder Gilg Mantel bereits zuvor ins Gefängnis geworfen hatten. Er war kein Unbekannter und vorbestraft wegen Diebstahls, weshalb ihm die Ohren abgeschnitten worden waren und der Aufenthalt in Rothenburg und Landwehr lebenslang untersagt wurde.

Doch was war geschehen? Der Mörder Gilg gestand, in einer Gaststätte in Geslau auf Hans Heilig getroffen zu sein. Er verfolgte Heilig, als er die Wirtschaft verließ, und war ihm in Marktholz, also zwischen Rothenburger und Ansbacher Hoheitsgebiet, so nah, dass er dessen Atem hörte. Heilig hörte auch ihn. Zog sein Spießlein. Berauscht, verlangsamt. Der Mörder Gilg sprang hinter ihn. Raubte ihm sein Spießlein. Stach immer wieder in Kopf und Hals. Und beraubte ihn. Gendarme stellen ihn vier Tage nach der Tat in Schweinsdorf bei Rothenburg. Knappe zwei Wochen später wurde er mit dem Schwert gerichtet und gerädert. Im ehemaligen Kloster der Dominikanerinnen in Neusitz wohnten bis 1554, also zehn Jahre nach der Reformation, noch Nonnen. Dort betrieben sie eine Weinschänke, lag das Kloster doch unmittelbar an einer Handelsstraße.

Das Wasser war in Rothenburg auch aufgrund des gipshaltigen Untergrundes oft knapp, weshalb 1868 in der »Roten Steige« bei Neusitz ein Stollen erschlossen wurde, um Wasser zu gewinnen.

Adresse Das Kreuz für Hans Heilig steht im Wald auf der Höhe der Neusitzer Steige, gegenüber der Einfahrt nach Wachsenberg. | **Anfahrt** A7, Ausfahrt Rothenburg, Richtung Osten circa 2,5 Kilometer auf der St 2250 bis zur Anhöhe | **Tipp** Ein Bildstock und die ehemalige Handelsroute, die Steige, befinden sich 100 Meter westlich der Tafel, wo Rad- und Waldweg verzweigen. Auch zu empfehlen: im Tal rechts bei den Weihern parken und den Waldweg neben der Steige hochwandern oder radeln.

49 Das Landesluftbildzentrum
Über den Wolken

Der Traum vom Fliegen ist so alt wie die Menschheit. Er spiegelt sich wider im Mythos von Ikarus, in dem dieser mit Daidalos und selbst gebauten Flügeln übermütig wurde, bis zur Sonne aufstieg, ehe das Flügelwachs schmolz. Oder im Lebenswerk des Herrn der Lüfte, dem Flugpionier von der Frankenhöhe: Gustav Weißkopf aus Leutershausen. Im aufwendig und besucherfreundlich gestalteten Dauermuseum des Bayerischen Landesluftbildzentrums kann die Geschichte dieses Traumes, der nicht selten Hand in Hand mit der Kartografie der Erde einherging, nun nachvollzogen werden. Tritt man ein in dieses Reich des Luftbildes, wähnt man sich in einer Welt ohne Schall, derart ruhig ist es. Ein 18 Meter runder Nukleus, der Bayern von oben abbildet, ist das Zentrum der Dauerausstellung. Jeder Besucher bekommt ein Tablet in die Hand gedrückt, um tief in die thematisch und historisch geordneten Stationen einzutauchen. Und auch sonst wurden keine Kosten und Mühen gescheut, sodass hier der aktuellste Stand der Museumspädagogik mit interaktiven Elementen genossen werden kann.

Die Vermessung der bayerischen Welt begann 1523 mit der Karte des Geschichtsschreibers Johann Turmair aus Abensberg, auch Aventinus genannt. 1554 erfolgte auf Anordnung von Herzog Albrecht V. von Bayern eine »Landes-Mappirung« durch den Mathematiker, Astronomen und Kartografen Philipp Apian.

Leider wirkten gerade Kriege wie ein Katalysator für die Entwicklung der Landvermessung, wie die Ausstellung eindrücklich darstellt – ein Beispiel ist die überdimensionierte Kamera mit Holzgehäuse auf Doppeldeckern. Die Kamera bediente meist der adelige Fotograf namens Emil mit seinem immer Franz genannten Flieger; daher stammt auch der Begriff »verfranzen«. Die Infrarotkamera wurde im Zweiten Weltkrieg zur Erkennung von feindlichen Truppen erfunden. Noch heute wird sie in der Forstwirtschaft eingesetzt.

Adresse Bamberger Straße 48, 91413 Neustadt an der Aisch | **ÖPNV** S-Bahn S 6 oder RE 10 bis Neustadt (Aisch) Bahnhof (dann 30 Gehminuten) oder Neustadt (Aisch) Mitte (15 Gehminuten) | **Öffnungszeiten** Di – Fr 10 – 17 Uhr; Freitag Führungen von 15.30 – 16 Uhr (außer an Feiertagen) sowie nach Vereinbarung. Eintritt und Workshops frei | **Tipp** Bestaunen Sie unbedingt die Luftbildaufnahmen am Ende der Ausstellung mit den 3-D-Brillen. Brillen und kleine Aufnahmen dürfen Sie sogar als außergewöhnliche Andenken mit nach Hause nehmen.

NEUSTETT

50 Der wiederauferstandene Landturm
Wo das Öl floss

Mit rotem Kopf, brüchiger Stimme und zittrigen Händen muss im Mai 1793 die arme Müllerin Eva Barbara Schott vor dem Rat zu Rothenburg gebebt und gestanden haben, dass ihr Mann »mit einer ledigen Dirne ausgetreten« sei, er sich also aus dem Staub gemacht hatte …

Aber von vorne: Das prominenteste Bauwerk im ansonsten eher schmucklosen Dorf Neustett ist der viergeschossige, terrakottafarbene Rundturm mit Kegeldach und Dachreiter in der Ortsmitte. Größtenteils im 15. Jahrhundert erbaut, fungierte er einst als Landturm an der Grenze der Rothenburger Landwehr, wo er dem Hegereiter ein Zuhause gab. Für den Ölmüller Johann Leonhard Schott aus Neustett lief das Geschäft nicht sonderlich gut – er musste überlegen, wie er sein Tagwerk weiter verrichten konnte, ohne Hunger darben zu müssen. Also fragte er 1790, also drei Jahre vor der Flucht von seiner Frau, beim Rat der Stadt Rothenburg an, ob er den Landturm, der damals in Großharbach stand, nicht zur Windmühle umrüsten dürfe, um sie dann zu veräußern. Dann aber wurde im gleichen Jahr der Turm Stein für Stein ab- und in Neustett neu errichtet, ein wenig breiter als zuvor. Dafür musste der Müller 1.900 Gulden berappen, also kein Pappenstiel. Im Jahr darauf erweiterte er sie um ein Mahlwerk für Gips und Tuchwalken. Im März 1793 klagte Schott an den Rat der Stadt Rothenburg, dass »dieses Werk den Erwartungen nicht entsprochen« habe. Es wurde angenommen, dass der Wind nicht ausreichte, wollte Schott doch seine »Öl-, Walk- und Gipsmühle« erneut umziehen, und zwar dorthin, »wo Wasser zur Treibung der Mühle vorhanden« sei. Die geprellte Ehefrau heiratete wieder, jedoch wurde der Mühlenbetrieb zu einem unbekannten Datum eingestellt.

Das nutzlos gewordene Windrad wurde ersetzt durch einen Dachreiter mit einem Glöckchen der Gemeinde aus der alten Schmiede.

Adresse Neustett 11, 91587 Adelshofen | **Anfahrt** A 7, Ausfahrt Langensteinach; die übernächste Ortschaft Richtung Tauberzell ist Neustett. Der Landturm ist mitten im Ort. | **Tipp** Wandern Sie zum ehemaligen Standort der Mühle, zur Anhöhe zwischen Gickelhausen und Großharbach, und genießen Sie die Aussicht bis zum Steigerwald und bei gutem Wetter bis zu den Vorbergen der Rhön.

51 Die Burgruine
Herrschaftsreste nahezu himmelhoch

Am westlichen Abhang der Frankenhöhe liegt Nordenberg. Und dort, auf einem Erdkegel im Wald verborgen, liegt die abgegangene Burgruine der damaligen Herrscher. »Ich geh ab« bedeutet heute umgangssprachlich, dass man von etwas begeistert, sozusagen himmelhochjauchzend erfüllt ist. Wenn man aber von einer Burg spricht, die abgegangen ist, dann wohl mehr im Sinne von »einen Abgang hingelegt«, dass sie also verschwunden ist. Die Burgruine beim kleinen Dörflein Nordenberg, hoch oben auf dem Schlossberg auf der Frankenhöhe, legt das eindrucksvoll dar. Und sie versinnbildlicht auch, an welche Orte trutzsichere Burgen gebaut wurden, damit sie von den angreifenden feindlichen Truppen nicht eingenommen werden konnten.

Denn zur Ruine hoch zu gelangen ist nicht ganz einfach. Da gilt es zwei Talsenken und steile Anstiege zu bewältigen. Und dabei wäre man längst von Pfeilen oder Kanonenkugeln durchsiebt worden. Burg Nordenberg wurde 1156 erstmalig erwähnt, von Mitte des 12. Jahrhunderts bis ins Jahr 1383 residierten dort die Herren von Nortenberg. 1240 ging sie an das Geschlecht der Rothenburger Reichsküchenmeister über, die dort heute noch einer Gaststätte ihren Namen leihen. Damals arbeiteten sie allerdings nicht als Wirtsleute, sondern als oberste kaiserliche Verwaltungsbeamte in der Hofhaltung. In den Jahren 1407 und 1408, im Krieg zwischen der Stadt Rothenburg und dem Burggrafen Colmberg, befahl der König, diese und vier weitere Burgen zu vernichten, darunter Burg Colmberg, Endsee und Seldeneck im Taubertal. Das, was heute noch erhalten geblieben ist, sind die zerfurchten Mauerreste und vermoosten Ringwallanlagen. Heutige Herrscher sind krächzende Eichelhäher, die glücklicherweise keine Kriege führen und Blut vergießen, sondern dafür sorgen, dass neue Eichenbäume das Licht von Nordenberg auf dem Schlossberg erblicken und dieser Welt eine Zukunft schenken.

Adresse im Wald im Ortsteil Nordenberg der Gemeinde 91635 Windelsbach | **Anfahrt** Mit dem Auto oder Rad: Ab Rothenburg ob der Tauber Richtung Schweinsdorf gelangt man unmittelbar nach Nordenberg. Von hier am Kriegerdenkmal links den Berg hinaufwandern, aber bitte den Weg nicht verlassen. Zwei Holzwegweiser am Hohlweg im Wald zeigen den Pfad zur Burg. | **Tipp** Die Burgruine sollte unbedingt bei trockenem Wetter und mit festem Schuhwerk besucht werden. Der Weg ist nicht barrierefrei!

52 Der ehemalige Feldflugplatz
Das verborgene Museum

Nur wenige Kilometer von Rothenburg ob der Tauber entfernt befindet sich das urwüchsige mittelfränkische Kirchdorf Oberscheckenbach, zu dem die Christen aus den umliegenden Dörfern zu den Gottesdiensten pilgern. Biegt man an der Hauptstraße gleich nach der alten Birke, unter der eine schwarz-rot-goldene Kuh steht, rechts ab und nimmt nach der Kastanie noch einmal die rechte Abzweigung, gelangt man linker Hand zu einem liebevoll renovierten Bauernhof mit kugeligen Buchsbäumchen vor der Tür mit der Hausnummer 16. Schräg gegenüber schmiegt sich eine kleine Holzhütte mit hellem Dach an ein Fachwerkhaus, das vermutlich einmal eine Scheune war. Der Eingang der Holzhütte wird ein wenig von einem Hollerbusch überwuchert. Und jetzt trauen Sie sich! Nehmen Sie die Sache beziehungsweise den Schieber in die Hand und ziehen ihn nach rechts. Sie tun damit nichts Verbotenes. Jetzt können Sie erst das eine Tor, dann das andere öffnen, ebenso wie auf der gegenüberliegenden Seite. Und auch das Fenster kann durch Ihre Hand geöffnet werden. Wenn das Tageslicht in das Innere fällt, offenbart es als Erstes die Viehwaage, die kurioserweise inmitten dieses verborgenen Museums steht, das eigentlich einen geheimen Feldflugplatz der Nazis und dessen Vor- und Nachgeschichte in den Mittelpunkt stellt. Dort sind Fotos von den Bauarbeiten des Flugfeldplatzes zu finden, wie auch Satellitenbilder der US-Armee, die Bombeneinschläge aus dem Jahre 1945 zeigen, oder marschierende Wehrmachtkompanien. Mehrsprachige Warnschilder sowie Bilder von Kampffliegern zeugen von der Bedeutung dieses Projektes.

Ohne Viehwaage wäre mehr Platz für andere Ausstellungsstücke, und man könnte sich besser umsehen. Auf der anderen Seite unterstreicht es seine Einzigartigkeit.

So verborgen dieses Museum ist, so war es einst auch der Feldflugplatz. Überzeugen Sie sich selbst!

Adresse Viehwaage gegenüber Haus Nr. 16 in Oberscheckenbach, 91620 Ohrenbach | **Anfahrt** A 7, Ausfahrt Bad Windsheim, B 470 bis Reichelshofen; an der Kreuzung rechts Richtung Uffenheim; nach circa fünf Kilometern liegt links Oberscheckenbach | **Tipp** Einen Steinwurf entfernt befindet sich die sehenswerte evangelisch-lutherische Filialkirche Sankt Kilian aus der zweiten Hälfte des 14. Jahrhunderts.

OBERGAILNAU

53 Der Erdrutsch
Die Macht der Erde

Erdrutsche kennt man glücklicherweise vor allem aus Funk und Fernsehen. »Das war eine Sensation«, erzählt Karl Menzel, der auf einem Hof in der Nähe des Erdrutsches in Obergailnau aufgewachsen ist. Die Zeitung titelte seinerzeit: »Die Erde spaltete sich am Schlossberg in Gailnau – Noch keine Erklärung möglich. Mächtige Sandsteinblöcke kommen zum Vorschein.«

»Ich habe das mitbekommen damals, Anfang März 1957«, so Karl Menzel weiter, »da hat's noch Schnee ghabt. Mein Vater hat in der Nacht einen richtigen Schlag gehört. Und dann ist der Bahnhofvorsteher raufkommen zu uns von seinem Häuschen, das zweieinhalb Kilometer Luftlinie von uns entfernt immer noch steht.« Die Begeisterung ist Karl Menzel auch heute noch anzuhören. »Spätnachmitttag sind wir dahin glaufen und haben gsehen, wie es gspalten war.«

Er ist nicht leicht zu finden, der Erdrutsch von Obergailnau. Aber die Suche sollte man unbedingt auf sich nehmen, um dieses eindrucksvolle Erbe eines Naturschauspiels erleben zu können. Damals rutschte der Hang bei Obergailnau samt Bäumen und Sträuchern ab, bereits Jahre zuvor hatte sich eine Spalte im massiven Schilfsandstein aufgetan. Sie vergrößerte sich in einem fortwährenden Prozess zu einer beachtlichen Tiefe von zehn Metern und einer Breite von bis zu 20 Metern. Im April 1975 riss der Schilfsandstein dann auf einer Länge von 200 Metern ab, Bäume und Sträucher entwurzelten, fielen den Abhang hinunter. Heute ist vom Erdrutsch eine talartige Schneise geblieben, in der sich neben Wurzelwerk und Laubbäumen vor allem zahlreiche spitze und stumpfe, teils bemooste und grünlich verfärbte Felsformationen und Felssplitter finden.

Übrigens soll es von Wettringen bis Obergailnau einen Fuchsbau gegeben haben, den man sehen konnte, wenn man in den Spalt hineingeschaut hat. Drei Kilometer gebuddelt von einem Rudel aus bis zu 30 Füchsen.

Adresse A 7, Ausfahrt Wörnitz, dann Richtung Wettringen bis Untergailnau. Der Erdrutsch liegt am Weg nach Obergailnau, am Fuße des »Gailnauer Berges« rechts. | **Tipp** Bei einer Wanderung auf dem Europäischen Wasserscheideweg, der am Fuße des Erdrutsches vorbeiführt, lassen sich die Natur bewusst erleben und weitere Stationen des Erlebnispfades Wettringen-Gailnau erwandern.

OBERNZENN

54 Das Blaue und das Rote Schloss
Adel verpflichtet

Mit seinem hellen, fast schon lilastichigen Blau und dem Rot stechen die beiden Schlösser aus dem Grün des Zenntales hervor. Eine lange Brücke auf drei Pfeilern überspannt den ehemals mit Wasser gefüllten Burggraben und führt in den pompösen Park mit Sandsteinskulpturen. Sieht man sich die Häuser im Umkreis an, wird einem deutlich, wie stark die sozialen Unterschiede waren und noch immer sind. 1745, als die fränkische Adelsfamilie der Seckendorffs das Schloss erbaute, mussten die Menschen in dieser einst sehr armen Gegend ihr täglich Brot durch schweißtreibende Arbeit verdienen. Um den sichtbaren Prunk der Diplomaten und Krieger zu legitimieren, entstand dann wohl auch diese Sage:

Im Obernzenner Schloss lebte einst ein junges, schönes Edelfräulein, das keinen Gottesdienst versäumte. In einer Nacht erschien ihr ein Zwerg und sprach: »Komm mit mir, edle Jungfrau, eine heilige Pflicht zu erfüllen.« Sie erstarrte vor Angst. In der folgenden Nacht kam der Zwerg wieder, sprach dieselben Worte, versuchte sie zum Mitkommen zu bewegen, sie verweigerte sich erneut. Am nächsten Morgen fragte sie ihre Mutter um Rat, was sie denn tun solle. Diese trug ihr auf, mit ihm zu gehen. In der dritten Nacht kam der Zwerg erneut, die fromme Tochter richtete sich auf, betete und ließ geschehen, dass ihr der Zwerg die Augen verband, ihr die Hand reichte und sie durch lange und finstere, unterirdische Gänge führte. Da sah sie strahlende Helligkeit, um sich herum eine erlauchte Gesellschaft, bei einer Taufe, an einer Tafel, wo sie Musik und Speis und Trank genoss. Dann führte sie den Zwerg in ein großes Gewölbe, wo er alle Taschen ihres Gewandes mit Gold und Geschmeide füllte. Er verband ihr die Augen wieder und geleitete sie zurück nach Hause. Am nächsten Morgen erwachte sie und traute ihren Augen kaum: Mit dem Geld und Geschmeide erbauten sie das zweite Schloss in Obernzenn.

Adresse Blaues Schloss, 91619 Obernzenn | **Anfahrt** von Nürnberg B 8 und B 470, dann der Beschilderung »Rotes Schloss« folgen | **Öffnungszeiten** Führungszeiten: Mai–Okt. jeden 1. und 3. Sonntag im Monat 14 Uhr. Spezielle Führungen für Gruppen auch nach vorheriger Anmeldung unter Tel. 09844/97990. | **Tipp** Nehmen Sie an der Führung durch das Blaue Schloss mit Besichtigung des Barockgartens und des Skulpturenraumes teil. Und: Für Brautpaare sind die Schlösser wunderbare Fotolocations.

55 Die Fingalshöhle
Der Sehnsuchtsort der Romantik

Eine Höhle sucht man vergeblich, wenn man die breite, bedrückende Panzerstraße aus Betonplatten hinter sich gelassen hat und unter dem Blätterdach von Linden, Buchen und Eichen dem Waldpfad gefolgt ist. Aber man wird umgehend begreifen, warum es bereits in der Romantik die Menschen an diesen Kraftort, in diesen aufgelassenen Sandsteinbruch gezogen hat. Denn viele von ihnen erkannten damals die Natur als Alleinheit, als Organismus, in dem jeder Bestandteil, also auch der Mensch, zu dessen Gleichgewicht und kontinuierlicher Schöpferkraft beiträgt. Handelt der Mensch dagegen gegen die anderen Bestandteile, fällt das auf das Ganze und somit auf ihn selbst zurück.

Umso treffender ist es, dass der von dunkelrot bis grün changierende, feinkörnige und an Pflanzenresten reiche Schilfsandstein des Steinbruches jahrhundertelang im Aischtal für den Bau von Häusern verwendet und damit die Natur wieder zu einem Bestandteil des unmittelbaren Lebensumfeldes der Menschen wurde. Beim Bau der Bibertalbahn sollen sogar prächtige Exemplare von Pflanzenabdrücken darin gefunden worden sein. Während der romantischen Ausflüge aufs Land ließen sich unter anderem das fränkische Adelsgeschlecht der Seckendorffs im geglätteten Sandstein verewigen, denn aus dem Obernzenner Schloss war es nur ein Katzensprung für die Militärs und Diplomaten und ihre Gäste. Aber auch die Spuren der Urzeit ließen sich im Schilfsandstein finden, würde es sich nicht um ein Naturdenkmal handeln. Also lassen wir den Urahn der Schwanz- und Froschlurche dort, wo er ist: dieses schreckhafte, salamanderähnliche Ungeheuer, mit seinem unheimlich bezähnten Maul mit Knochenplatten, seinem gepanzerten Schädel und Brust. Im mannigfaltigen Schilfsandstein, der durchzogen ist von Wurzeln und dem Geist der Vergangenheit. Denn der Schilfsandstein ist ein Kapitel der Erdgeschichte, das durch ihn aufgeschlagen wird, ein Aufblitzen in der Menschheitsgeschichte.

Adresse Uffenheimer Straße, 91471 Illesheim | **Anfahrt** Zum Beispiel B 470 bis Illesheim, dann Richtung Sontheim. Die Fingalshöhle liegt in der Nähe der Verbindungsstraße Richtung Obernzenn. | **Tipp** Wandern Sie von Obernzenn hinauf in die Fingalshöhle, wo Sie picknicken und Gedichte aus der Romantik lesen können.

OBERNZENN

56 — Der Obernzenner See
Die fränkische Adria

Von der Seeterrasse aus den Enkeln zusehen, wie sie auf der Luftmatratze in den Sonnenuntergang schippern. Oder den Nachwuchs bewundern, wie er über den Obernzenner See seine Bahnen zieht. Wozu in die Ferne schweifen und Hunderte Kilometer im stickigen Auto und in nervtötenden Staus Zeit vergeuden, wenn das Gute doch so nah liegt? Am Obernzenner See, der von 1978 bis 1981 als Hochwasserrückhalt mit 14 Hektar Seefläche geschaffen wurde, kann auf 20 Hektar Uferbereich relaxt und sich in 710.000 m^3 Wasser erfrischt werden. Und für alle, die sich die Beine ein wenig vertreten wollen, führt ein barrierefreier Rundweg am See entlang und an Kuhweiden vorbei, der begleitet wird vom Lehrpfad »Natur und Lebensraum Gewässer«.

Einziger Wermutstropfen ist zeitweiser Fluglärm aufgrund des nahen US-Militärstandortes Illesheim, den Grill oder ein Lagerfeuer anzuwerfen ist auch nicht erlaubt, und es gibt auch keine Badeaufsicht, dafür aber Duschen und Toiletten.

Im Kinderbereich können die Kleinen Sandburgen mit ihren Eltern bauen oder im eingegrenzten Kinderbadebereich toben. Haben die Jüngsten immer noch nicht ausreichend herumgetollt, können sie das auf dem Spielplatz, beim Rutschen, auf der Seilbahn oder auf der Wippe. Für die Größeren gibt's ein Beachvolleyballfeld und eine Tischtennisplatte. Familien dürfen sich über den Campingplatz freuen. Sogar Jugendliche und jung gebliebene Liebhaber subkultureller Open Airs kommen hier auf ihre Kosten. Einmal im Jahr findet nämlich das Wasted! Open Air statt: Mit »DEM Stoner-Punk-Baggersee-Blödsinn-Nackedei-Festival am Obernzenner See« wollen die Veranstalter »einen besonderen Teil zur ländlichen Kultur beitragen: Jenseits von altbewährten Programmen und Veranstaltungen einen gemeinsamen Raum … « schaffen. Für alle und gegen Fremdenhass. Pfundig, die Jugend – und wie immer schlechter als ihr Ruf.

Adresse Urphertshofer Straße 17, 91619 Obernzenn | Anfahrt von Nürnberg B 8 und B 470, dann der Beschilderung »Obernzenn« folgen | Tipp Falls Sie baden möchten, informieren Sie sich bitte unbedingt auf der Internetseite der Stadt Langenzenn über die mögliche Blaualgenentwicklung am Obernzenner See. www.obernzenn.de/sehen/see

57 Der Glaubensweg
Sich auf den Weg machen

Das Gehen oder vielmehr das Pilgern ist in der christlichen Tradition seit jeher bedeutsam. Beim Pilgern kommt der menschliche Geist in Bewegung, und der spirituelle Mensch findet bestenfalls zu sich. Der Glaubensweg, der an der Rothenburger Landhege entlangführt, schafft es, künstlerisch hoch wertvolle, aber zugleich undogmatische Anreize zu schaffen. Er verknüpft die Gemeinden Adelshofen, Ohrenbach und Uffenheim und die Landkreise Ansbach und Neustadt an der Aisch/Bad Windsheim. Er vollzieht die vier Wegstationen »Geschaffen«, »Leiden«, »Erlösung« und »Versöhnung« und damit das christliche Glaubensbekenntnis. Dreieinhalb Meter hohe fränkische Muschelkalksteine, die vor 230 Millionen Jahren entstanden, aus Muscheln und anderem toten Getier, die sich am Meer absetzten und gepresst wurden, verkörpern diesen Weg.

Die Gegend, durch die der Glaubensweg verläuft, wurde früher »Armenruh« genannt, denn die zum Tode Verurteilten wurden aus dem Burggefängnis Endsee über diese Flur zum Galgen nach Reichardsroth geführt und stellenweise »beschrien«, das heißt, der Grund für ihr Todesurteil wurde bekannt gegeben. Auf dem Armenruhacker durften sie rasten vor ihrer Hinrichtung. In Reichardsroth vollzog sich das letzte Bluturteil 1400, danach übernahm Rothenburg die Verurteilung von Kapitalverbrechen.

Die letzte kunstvolle Station Nummer IV steht unter dem Motto der Versöhnung. Der Flurstein ist mit den Worten »Führe mich auf ebener Bahn« beschrieben. Zu finden ist er auf ihrem Weg zum Friedhof an einem einstigen Kirchenweg von Kleinharbach nach Langensteinach, auf dem die Toten vorbeigetragen wurden. Auf der Internetseite des Glaubensweges findet sich ein wundervolles Zitat des Schriftstellers Jean Paul zu Versöhnung, das häufig leider erst im Angesicht des Todes seine drastische Wirkung entfaltet. »Der Mensch ist nie so schön, als wenn er um Verzeihung bittet oder selbst verzeiht.«

Adresse Start am Flurweg zwischen Reichardsroth und Gailshofen, beides Ortsteile der Gemeinde 91620 Ohrenbach | Anfahrt von Nürnberg B 8 und B 470 bis Reichardsroth | Tipp Im Internet findet sich auch eine detaillierte Wanderkarte mit Inhalten und Wegbeschreibung: www.thomas-ohme.de/glaubensweg.

58 Die Schwarze Schar
Bauernrevolte für Freiheit und Gerechtigkeit

Der Gerichtsbote baut sich vor Konz Harts bescheidener Heimstatt auf; der muss sie verlassen, ist er doch seine Abgaben seinem Fronherrn schuldig geblieben, die Ernte war schlecht. Wir schreiben das noch junge Jahr 1525, die Aufregung in Ohrenbach ist groß. Nachbarn bauen sich mit Mistgabeln und Sensen auf, doch gegen die Staatsgewalt sind sie erst einmal machtlos. Wie dem Leibeigenen Hart geht es vielen. Er darf weder entscheiden, wann er heiratet, noch, wo er seine Heimstatt aufschlägt. Vor Gericht und in den Geschicken der Gemeinde wird er ebenso wenig gehört. Martin Luther predigt in diesen Tagen zwar die Freiheit im Himmel, doch auf Erden soll der Bauer gehorchen. Der Reformator Ulrich Zwingli widerspricht Luther, für ihn gilt das Bibelwort auch im weltlichen Leben. Und so tun sich 1525 die Bauern zusammen, formulieren zwölf Artikel für ein »göttliches Recht auf Erden«, ein gutes Leben für alle, das unter anderem Recht auf Fischfang und Jagd und verminderte Frondienste für die Herren fordert. Die aber blocken zynisch ab. Und so kommt es, wie es kommen muss: Am 22. März 1525 vereinen sich Bauern aus 18 Dörfern der Landwehr in Ohrenbach, angeführt von Florian Geier und Wendel Hipler. Die »Schwarze Schar Ohrenbach« mit ihren schlussendlich 2.000 Mann zieht gen Rothenburg und den dort herrschenden Ansbacher Markgrafen Kasimir. Erstürmen Burgen, erzielen Anfangserfolge. Doch Kasimir lässt ihre Forderungen für Freiheit und Gerechtigkeit blutig niederschlagen, brennt das Dorf nieder und richtet die Anführer brutal hin.

Auf dem Brunnen vor dem Gemeindehaus erinnert ein Bronzerelief von Werner Fichna aus Uffenheim an die mutige »Schwarze Schar Ohrenbach«, die als Folkloregruppe immer noch fortlebt. Die Bauern erreichten damals nach brutaler Rache des Markgrafen immerhin vielerorts unter anderem die Aufhebung der Leibeigenschaft.

Adresse vor dem Rathaus, 91620 Ohrenbach | Anfahrt von Nürnberg über die B 8 und B 470 bis Burgbernheim und dann dem Wegweiser nach Ohrenbach folgen | Tipp »Die Schwarze Schar Ohrenbach« ist immer wieder bei öffentlichen Auftritten zu bewundern. Informieren Sie sich auf der Internetseite der Gemeinde Ohrenbach oder halten Sie Ausschau nach der Fahne mit dem Bundschuh, den die Bauern damals trugen.

59 Der Geschichts- und Waldlehrpfad
Keiler Rudi, Schmuggler und der Eisvogel

»Die Türme stehn in Glut / die Kirch'ist umgekehret / Das Rathaus liegt im Graus / die Starken sind zerhaun«, schrieb der Barockdichter Andreas Gryphius über den Dreißigjährigen Krieg. Und dann war dieser Krieg und damit das unermessliche Leid zu Ende, womit auch die Landhege nicht mehr von militärischem Belang war. Dennoch wirkte sie in Form von Zollstationen weiter, die natürlich größtenteils von Männern überwacht wurden. Nur in Ausnahmefällen durften ihre Frauen einspringen. Weil keine Grenze dicht ist, bildeten sich dort allerdings auch Schmugglerpfade, auf denen listige Menschen in der Frankenhöhe keinen Obolus für ihre Waren an die Herrschenden zahlen mussten. Dies ist nur eine Begebenheit, die man erfährt, wandert man den Geschichtslehrpfad in Ohrenbach entlang, der insgesamt über fünf Tafeln verfügt. Durch den Weg führt Max Keiler, »das letzte Wildschwein im Wildschweingehege Reichardsroth«. Zwar sind die Tafeln museumspädagogisch nicht ganz ausgereift, dennoch sind sie sehenswert.

Der kreative Naturlehrpfad wurde passenderweise im nahe gelegenen Wald und am Reichardsrother See angesiedelt. Dort treffen wir auf den Eisvogel, der farbenfroh gefiedert übers Wasser schießt, und auch den Sumpfrohrsänger, der »spottet«, da er immerhin über 200 Vogelarten nachahmen kann. Fein ist, dass im Geschichtslehrpfad bereits auf das damals als »Großer oder mittlerer See« bezeichnete Gewässer Bezug genommen wird. Auf weiteren Tafeln ist Wissenswertes zum Keiler Max und zu den Bäumen im »Galgenholz« zu erfahren. Warum eine gesamte Tafel der Jagd und damit auch der tierfeindlichen Treibjagd gewidmet ist, ist fraglich. Spannend ist dagegen zu lesen, woher das Galgenholz seinen Namen hat. Und das »Konzert für Frühaufsteher« wird, jeden Tag aufs Neue, mit genauer Uhrzeit angekündigt.

Adresse Reichardsroth Nr. 15, 91620 Ohrenbach | **Anfahrt** Von Nürnberg über die B 8 und B 470 bis Burgbernheim und dann dem Wegweiser nach Ohrenbach folgen. Parken Sie nahe dem Startpunkt an der Ortsstraße vor dem Torbogen. | **Tipp** Verbinden Sie die Wanderung mit einem Ausflug zum Glaubenspfad.

REICHELSHOFEN

60 — Die Modelleisenbahn
Auf der Frankenhöhe durchs Gotthardmassiv

Wer hat als Kind nicht fasziniert am Modellbahntrafo gedreht, damit sich die Geschwindigkeit der Lok erhöht und der Zug schneller durch Häuser, Berge, Tunnel rattert? Die damalige Modelleisenbahn war vermutlich jedoch nichts gegen das Lebenswerk von Hans Köttgen, das in Steinsfeld zu begehen und zu bestaunen ist. Seine in über sechzig Jahren gewachsene Modelleisenbahn-Sammlung von Hunderten Lokomotiven und Wagons wollte er glücklicherweise der Öffentlichkeit zugänglich machen, und so entstand die Idee einer Dauerausstellung in Form eines Familienbetriebes. Gesagt, getan: In über zwei Jahrzehnten hat er auf 500 Quadratmetern unglaubliche 930 Meter Gleise verlegt, werden regelmäßig 214 Weichen gestellt, 46 Brücken und Viadukte und 22 Tunnel durchfahren, sind unglaubliche 19.800 Bäume gepflanzt und 285 Gebäude selbst aufgezogen worden. Wer vor diesem unglaublichen Lebenswerk steht, wird selbst wieder zum begeisterten Kind. Kein Wunder, hat er doch eine der größten Modelleisenbahnanlagen Europas und die vorbildgetreuste Anlage vor sich, die die Nordrampe der weltberühmten Gotthardbahn in den Schweizer Alpen nahezu detailgetreu zeigt.

Damit sie auch wirklich Detailtreue erlangen konnte, fuhr und wanderte Hans Köttgen mit seiner Frau etliche Male die Originalstrecke der Nordrampe von Erstfeld bis Göschenen, schoss Fotos und recherchierte. Das eindrückliche Ergebnis legt er nun den Besuchern der Ausstellung zu Füßen und lässt damit die Herzen von Modellfans höherschlagen.

Umrahmt wird die Anlage durch historische Eisenbahn-Originalexponate und Devotionalien, wie Schaffneruniformen oder Fahnen. Im Eingangsbereich kann man sich mit Modellbahnartikeln und Zubehör eindecken. Und was man keinesfalls verpassen sollte, ist der frisch aufgebrühte Kaffee und selbst gebackene Kuchen von Sieglinde Köttgen. Da kann das Bordbistro der Deutschen Bahn keinesfalls mithalten.

Adresse Reichelshofen 28, 91628 Steinsfeld | **ÖPNV** von Rothenburg Bahnhof Bus 857 | **Anfahrt** A 7/B 470 Richtung Endsee/Reichelshofen | **Öffnungszeiten** Mi 14–17 Uhr, Sa/So 10–17 Uhr. Weil die Öffnungszeiten manchmal abweichen, besser vorher anrufen unter Tel. 09865/941898; Eintritt: Kinder von 5–15 Jahre 2,50 Euro, ab 16 Jahre 6 Euro, Familien (2 Erwachsene + 2 Kinder) 14,50 Euro, jedes weitere Kind 1,50 Euro. | **Tipp** Bringen Sie ausreichend Zeit mit und erfahren Sie im Café aus erster Hand spannende Geschichten zur Entstehung der Gotthardbahn.

61 Das Blinktal
Schwarzspecht und Wasseramsel

Weg und Bachlauf des Blinktals säumen Steinriegel aus Steinen, die aus der einstigen Bewirtschaftung, vom eigenen Weinacker oder Feld, aufgesammelt und auf die Grenze gelegt wurden, damit sie nicht störten. »Generationen von Bauern lasen beim Mähen des Grases ärgerlich die Steine auf und warfen sie am Rand zusammen. So ein Stein konnte eine schwere Scharte in eine gut gedengelte Sense schlagen. Arbeit für eine halbe Stunde«, wusste der Autor Hans Scherzer bereits 1920 zu berichten. »Auf den Steinriegeln wuchsen Haselnusssträucher, Obstbäume, Schlehen, Büsche, Hecken, Rosen, sogar wilder Hopfen, den die Kinder einsammelten, und einer Brauerei ablieferten für ein paar Pfennige. Alles, was aus den Steinriegeln herauswuchs, bereicherte die kleine Wirtschaft und zuletzt gab es das notwendige Holz für den Hausbrand.« Auf den historischen Karten des Bayernatlas wird die einstige Weinbergsgestaltung sichtbar, die sich stark von der heutigen Methode unterscheidet, bei der Reben an lange Drähte gespannt werden. Der Wein wuchs damals an Stöcken nach oben, wie heute noch am Weinberg in Rothenburg zu sehen ist. Die Hänge im Blinktal würde heutzutage allerdings niemand mehr als Weinbaulage nutzen, da sie unrentabel sind und auch keinen leckeren Wein versprechen. Damals hingegen wurde der Wein als Lebensmittel verwendet, um das Wasser zu sterilisieren: Mit einem Schuss (schlechten) Wein ward das Wasser gesundheitlich unbedenklich, weshalb der Weinbedarf früher auch um einiges höher war als heute. Unter Umständen wuchsen damals am Nordhang Obstbäume, was typisch für das gesamte Taubertal ist: an den Südhängen Weinbau, an den Nordhängen Streuobst.

Das tief eingeschnittene, enge Tal biete auch ein Zuhause für die flinke Wasseramsel und den scheuen Schwarzspecht. Wäre man abergläubisch, könnte man frei nach Horaz denken: »Kein Specht zur Linken möge deine Reise behindern.«

Adresse An der Blinksteige, 91541 Rothenburg ob der Tauber | **Anfahrt** Entweder talabwärts ab dem Parkplatz des Kletterwalds Rothenburg ob der Tauber (siehe dort). Oder auf der Eselsbrücke bei der Steinmühle parken. Aber Achtung: Das Blinktal ist KEIN Rundwanderweg, lässt sich jedoch verknüpfen mit einer Wanderung durch das Schandtaubertal. | **Tipp** In einer winterlichen Landschaft mit verschneitem Pfad und zugefrorenem Bach mit Eisstalaktiten wird die kurze Wanderung zu einem unvergesslichen Erlebnis.

62 Das Café Einzigartig
Süßer Trödel

Einzigartig ist nicht nur der Name, sondern auch die Gründungsgeschichte dieses Kleinods. Die Besitzerin Andrea Poth restaurierte Möbel und bot sie via Internet ihren Kunden feil. Irgendwann kam ihr dann die Idee, dass sie ihre Besucher inmitten der gebeizten und wieder lackierten Möbel ja auch bewirten könne – gesagt, getan! So gehen und kommen nicht nur die Gäste, sondern auch das Interieur.

Zwischen einer Vielzahl an Kuchen, Torten und Kaffeespezialitäten kann der geneigte Besucher ebenso wählen wie zwischen Deftigem wie Quiche oder Couscous-Salat, dazu Bier oder Limonade, um nur ein paar Gaumenfreuden zu nennen. Und auch beim Frühstücksangebot ist das Café Einzigartig auf der Höhe der Zeit: Das Bayerische Frühstück lockt mit Weißwurst und Breze, und auch bei der veganen Verführung ist der Name Programm. Frühstück gibt es Dienstag bis Sonntag ab 9 Uhr. Dass dabei die Aufenthaltsdauer auf maximal zwei Stunden begrenzt ist, zeigt, wie begehrt die Plätze im Café sind. Falls Sie in der Zwischenzeit lieber Rothenburg erkunden möchten, können Sie auch eine von zwei Frühstücksboxen zum Mitnehmen ordern.

Gehört man zu den Glücklichen, die im Café Einzigartig frühstücken dürfen, kann man in zwei Räumen unter Kronleuchtern auf gemütlichen Sofas, Bänken oder Sesseln Platz nehmen. Zum Kauf geboten werden Antiquitäten wie Garderobenständer, Möbelstücke wie Regale, im Shabby Chic und Vintagestil. Diese können auch online erworben und betrachtet werden. Hinter der Theke verlocken nicht nur Liköre zum Kauf, sondern auch Zutaten in nostalgisch anmutenden Porzellanbehältern: Mehl und Kaffee. Auf Kleiderbügeln hängen diverse vergilbte Zeitungen. Auch vor dem schmucken terrakottafarbenen Fachwerkhaus mit dem steinernen Rundbogeneingang zu sitzen ist ein Erlebnis, hat man doch zu beiden Seiten einen Blick auf zwei Rothenburger Stadttore.

Adresse Galgengasse 33, 91541 Rothenburg ob der Tauber | **ÖPNV** RB 82 ab Steinach (bei Rothenburg ob der Tauber) | **Anfahrt** Besucher sollten die Parkplätze P4 (Galgentor) oder P5 (Bezoldweg) vor den Toren nutzen. | **Öffnungszeiten** Di–So/Feiertag 9–17 Uhr | **Tipp** In den Sommermonaten sollte auf der Website geprüft werden, ob das Team im Urlaub ist. Und um sicher einen der begehrten Plätze für ein Frühstück zu ergattern, sollte unbedingt vorher telefonisch unter 09861/9386291 reserviert werden.

63 Die Eiswiese
Open-Air-Feeling pur

Malerisch liegt sie da, an der erhabenen ehemaligen Reichsstadt Rothenburg ob der Tauber, mit seiner Mauer, den Türmen und den Fachwerkbauten zu Füßen: die Eiswiese. Dort, wo früher ein reges Treiben von Müllern, Gesellen und Eseln geherrscht haben dürfte, die Säcke voll gemahlenem Gips und Getreide von einer der zahlreichen Mühlen auf dem Taubermühlenweg zu ihrem Bestimmungsort transportiert haben, sind heute Touristen aus aller Welt, Jogger und Einheimische gleichermaßen unterwegs. Folgt man dem Weg vom Topplerschlösschen Richtung Detwang, gelangt man nach wenigen Minuten linker Hand der Tauber zur sogenannten Eiswiese. Auf dieser Wiese, wo sich gerne das Wasser staut und eine Eisfläche bei Minusgraden gefriert, haben viele der alten Rothenburger als Kind das Schlittschuhlaufen gelernt. Am Ufer der Tauber, nahe der Barbarossabrücke, wo das Tal wieder aufsteigt und eine Art Amphitheater in den Hang errichtet wurde. Der in Rothenburg wirkende, zur klassischen Moderne zählende Maler Joseph Haburaj (1947–1996) hat ihr in seinem pittoresken Bild »Eiswiese Rothenburg o. T.« 1993 sogar ein Denkmal gesetzt.

Einmal im Jahr wird es im Taubertal für vier Tage so richtig laut. Im Schatten der malerischen Stadt geben sich dann bekannte Musiker auf der sogenannten Eiswiese das Mikro in die Hand. Schaut man heute auf die große Hauptbühne, liegt rechter Hand die Tauber, auf der anderen Seite ein steiler Hang mit einem darüberliegenden Waldstück. Es könnte wohl keinen besseren Ort für ein Open-Air-Festival in dieser Größe geben, das jedes Jahr um die 15.000 Musikliebhaber besuchen. Ist man glücklicher Besitzer einer Karte geworden, kann man vor vier Bühnen unter anderem ausgelassen zu den roten Hosenträger-Jungs von Kraftklub aus Chemnitz tanzen, die ihren Kulthit »Alles wegen dir« gutgelaunt zur ausgelassen tanzenden Menge passend über die Lautsprecher tönen: »Warum zur Hölle bin ich eigentlich hier? Wegen dir!«

Adresse im Süden von Rothenburg ob der Tauber auf der Eiswiese | **ÖPNV** RB 82 ab Steinach (bei Rothenburg ob der Tauber) | **Anfahrt** Im Süden von Rothenburg ob der Tauber im – der Name sagt es – Taubertal. Die Zufahrt zu den Parkplätzen ist großräumig ausgeschildert. | **Öffnungszeiten** Termin: Mitte August; Tickets kosten ab 89 Euro: www.taubertal-festival.de/tickets/ taubertal-festival.de | **Tipp** Wer auf einem der nahe gelegenen Campingplätze übernachten möchte, um einen einigermaßen ruhigen Rückzugsort zu haben, der sollte frühzeitig buchen.

64 Das Geburtshaus des Lyrikers Wilhelm Staudacher

Die Seele der Stadt

»I wollt i wär a Gaul …«, rezitierte der Rothenburger Mundartlyriker Wilhelm Staudacher auf einer Schallplatte. Und das, obwohl man nicht in der Bratpfanne gelegen haben muss, um über ein Schnitzel zu schreiben, wie eine alte Dichterweisheit sagt. Dennoch scheint gerade beim Poeten Wilhelm Staudacher das Aufwachsen in einer Arbeiterfamilie seinen empathischen Blick auf und in die Welt maßgeblich beeinflusst zu haben.

Am 16. März 1928 erblickte Staudacher als erstes von acht Kindern das Licht der Welt – inmitten der Weimarer Republik, die Schrecken das Großen Krieges noch omnipräsent. Ein weiterer Krieg folgte, und er wuchs in der damaligen Nazihochburg Rothenburg heran. Doch dadurch, oder vielleicht gerade deshalb, ließ sich Staudacher seine Menschenfreundlichkeit und Verbundenheit mit der pittoresken Stadt und der Mundart der Menschen nicht nehmen. Er debütierte mit seinem Gedichtband »Gejcherejd« 1988, in dem er über Kleingeistigkeit und soziale Ungleichheit schreibt. Mit seinen weiteren Werken machte er sich deutschlandweit einen Namen. Max von der Grün konstatierte, durch Staudacher zeige sich, »daß die Mundartdichtung nicht ein Anhängsel der Literatur, sondern gar ein wesentlicher Bestandteil ist«. Den Friedrich-Baur-Preis erhielt er 1994 verliehen, weil »durch ihn … die moderne, literarische Mundart in Franken begründet« wurde. Im PEN-Zentrum Deutschland setzte er sich außerdem für verfolgte Kollegen weltweit ein.

Zum Andenken an Wilhelm Staudacher ist eine Straße im Rothenburger Südosten benannt, auf der auch heutzutage noch so manch einer Staudachers Versen folgen sollte. Gerade »… wenn die Luft oufängt zu schloefe …«. Am 23. Juli 1995 verstarb er an Herzversagen, als er die Folgen eines Orkans in seinem Rothenburger Garten beseitigte.

Adresse Alter Keller Nr. 17, 91541 Rothenburg ob der Tauber | **ÖPNV** RB 82 ab Steinach (bei Rothenburg ob der Tauber) | **Anfahrt** Empfehlenswert ist das Parken am südwestlichen Altstadtrand von Rothenburg ob der Tauber, also außerhalb der historischen Stadtmauer. Das Haus selbst liegt etwa 250 Meter östlich der Alten Burg, leicht zurückversetzt von der Straße. | **Tipp** Gehen Sie die Straße »Alter Keller« die Fachwerkgiebelhäuser entlang bergauf, und Sie werden an einer Fassade ein Gedicht von Wilhelm Staudacher finden.

65 Die Gipsmühle
Eisvogel und Vereinigung

Man sieht der alten, aufwendig renovierten Mühle an, wie viel Geschichte in ihr steckt. Einst brachten die Esel den Gips über die Steigen beziehungsweise über die Pfade durch die Waldhänge aus den umliegenden Steinbrüchen am Fuße der Frankenhöhe und bei Gebsattel. Dann wurde es mittels Mal-, Stampf- oder Siebgerät zu Gipsmehl vermahlen, um es dann in Säcke zu packen und auf Esel zu laden, da das enge und steile Tal nur schwer mit Fuhrwerken befahrbar war. Damals lag der weiße Gipsstaub über dem Tal und biss sich in den Lungen der Müller und ihrer Knechte fest. Der Gips wurde aus den Gipsbrüchen der Frankenhöhe hierhergeschafft und in der Gipsmühle zerkleinert. Hält man sich vor Augen, was im Inneren dieses Gebäudes geschah, verwundert es wohl kaum, dass Mühlen seit jeher für das Unergründliche und Unheimliche stehen und ihre Entsprechung in Märchen und Gruselgeschichten gefunden haben.

Geplant wurde die Gipsmühle, die heute zur Evangelischen Tagungsstätte Wildbad zählt, im 18. Jahrhundert. Ihr Kern jedoch stammt aus dem 16. Jahrhundert. 1899 wurde sie von Friedrich Hessing, dem Erfinder der Beinprothese und Wildbadplaner, zum Wildbadareal hinzuerworben. Einst drehte sich daran auch noch ein wuchtiges Mühlrad mit einem Durchmesser von 5,50 Metern, einer Schaufelbreite von 1,05 Metern und einer Schaufeltiefe von 0,75 Metern. Damit wurde die Mühle angetrieben, und bis 1956 wurde in ihr noch geschrotet. Später beherbergte sie einen Flaschner und seine Familie, bis sie der Verband der Bühnenaufsteller kaufte.

Gerade im Frühjahr wird auch farblich anschaulich, wie sich Tauber und Schandtauber vor der Gipsmühle vereinen. Mit ein wenig Glück entdeckt man den smaragdenen, orangebauchigen Eisvogel, wenn man sich auf die kleine Tauberbrücke stellt, deren Vorgängerin das Hochwasser einst wegschwemmte, und hinunterschaut, flussaufwärts auf den Schwemmholzstapel, wie er sich aufpumpt und in die Fluten schießt.

Adresse Taubertalweg 30, 91541 Rothenburg ob der Tauber | **ÖPNV** RB 82 ab Steinach (bei Rothenburg ob der Tauber), durch den Park des Wildbads nach unten zur Tauber, dann links | **Anfahrt** An der Altstadt von Rothenburg ob der Tauber in Richtung »Schrozberg, Langenburg« vorbei in Richtung Taubertal. Hier parken und den Taubertalweg aufwärtswandern. Die Gipsmühle liegt nach 500 Metern auf der linken Seite. | **Tipp** Da die Mühle genau auf dem Jakobsweg liegt, können darin auch Pilger zu Sonderkonditionen unterkommen, sofern sie nicht anderweitig belegt ist.

66 Die Greifvogel Auffangstation

Hilfe für Greifvögel und Eulen, Rat für Menschen

»Bin da, alles gut«, versucht Andreas Ritz, der erste Vorsitzende des Vereins, mit sanfter Stimme die Vögel zu beruhigen. Mäusebussard Fridolin keckert durch die Lucke, der schmucke Bengalische Uhu mit seinen spitzen Ohren glotzt die Besucher neugierig an. Die meisten Vögel kommen nach Autounfällen, Vergiftungen oder wenn sie als Jungvögel aus dem Nest gefallen sind, in die Auffangstation.

Wenn ein Mäusebussard von einem Auto angefahren wurde, läutet kurz darauf oft das Telefon in der Greifvogel Auffangstation Mittelfranken. Diese wiederum informiert die Polizei oder Feuerwehr, die den verletzten Mäusebussard nach Schnepfendorf transportieren. Dort findet sich auf dem Anwesen eines Landwirtes hinter knorrigen Apfelbäumen ein Asyl für verletzte oder ausgestoßene Vögel aus der ganzen Welt. Wird die Tür geöffnet, hört man umgehend das Flügelschlagen und die Schreie der Greifvögel, die hier ein langfristiges Zuhause gefunden haben oder auch nur für kurze Zeit bleiben, bis sie wieder gesundet sind. Das Ziel des Vereins ist es, die Tiere, falls möglich, wieder in Freiheit zu lassen, was ihnen meist auch gelingt. Nur bei bestimmten Vogelarten, wie dem Sperber, ist die Wahrscheinlichkeit gering, nach einem Unfall zu überleben. Bei anderen Vögeln, wie den Mäusebussarden, die einen Großteil der Patienten umfassen, bei Eulen, Turmfalken oder Rotmilanen ist die Wahrscheinlichkeit glücklicherweise sehr hoch, sie nach der Genesung in die Lüfte fliegen zu lassen. Es finden sich aber auch exotische Tiere, die ihr ursprüngliches Zuhause leider verlassen mussten, wie ein majestätischer, schneeweiß gefiederter Gerlanner Falke.

Neben Vorführungen auf Weihnachts- oder Ostermärkten kann die Auffangstation auch für Vorführungen oder Vorträge in Schulen angefragt werden. Nach Absprache können Führungen mit fünf bis sechs Personen gebucht werden.

Adresse Würzburger Straße 7, 91583 Diebach beziehungsweise www.gam-ev.de | **Anfahrt** A 7, Ausfahrt Wörnitz, Richtung Insingen; einen Kilometer nach Walkersdorf rechts nach Ober-/Unteroestheim; dort in der Ortsmitte auf der linken Seite | **Tipp** Die Greifvogel Auffangstation Mittelfranken ist dringend auf Spenden angewiesen. Unterstützen Sie die wichtige Arbeit dieses Vereins mit einem Obolus – die Helden der Lüfte werden es Ihnen danken.

67 Der Große Lindleinsee
Die Natur verteidigen

Es spritzt, schäumt und schlackert. Es wieselt und wuselt vor Fischen und anderem Kleingetier im Wasser. Zweimal im Jahr steht das Abfischen im Naturschutzgebiet Lindleinsee durch den 1899 gegründeten Bezirksfischereiverein Rothenburg ob der Tauber auf dem Programm. Einmal im Frühjahr und einmal im Herbst packen Alte, Junge und Kinder gleichermaßen an, bewaffnet mit Keschern, Eimern und einem Boot, in Regenmänteln, Fischerhosen und Handschuhen. Hierzu wird das Wasser des Großen Lindleinsees abgelassen, und man staunt, was den Fischern dabei alles in die Netze geht: Karpfen, Rotaugen, Rotfedern, eine tote Bisamratte, sogar ein Aal windet sich, möchte nicht die Metallrutsche hinabschlittern. Dann werden die Fische in Angelgewässer übergeben, wie beispielsweise die Neusitzer Seen, den Ödenbachweiher und Nonnenweiher in Windelsbach. Beim Frühjahrsbesatz füllt sich der See dann erneut, und es werden die kleinen Fische eingesetzt, die dann später ganz groß rauskommen.

Das Naturschutzgebiet ist bei den Rothenburgern als Naherholungsgebiet zu Recht beliebt. Den Schilfgürtel wiegt der Wind unter den schnell dahinziehenden Wolken. Und der braun-olive Zilpzalp mit dem gelben Überaugenstreif, den man erst bei genauerem Hinsehen entdeckt, singt sein Lied, das ihm seinen Namen gegeben hat. Die Ufergebüsche und der Auwald bieten auch anderen Tierarten ein Zuhause, und vielleicht schlängelt sich sogar eine Ringelnatter über den schmalen, von Ufergebüsch und Auwald umgebenen Pfad. Kormorane schippern halstief durchs Wasser, erheben sich kurz schwerfällig in die Lüfte. 2018 tauchte sogar ein Flamingo auf. Und im kleinen Lindleinsee nebenan ist eine Biberfamilie zu Hause.

Die beiden Lindleinseen wurden bereits 1383 von der Stadt Rothenburg gekauft und gehörten zu einer mittelalterlichen Verteidigungslinie. Fein, dass nun die Natur hier verteidigt wird.

Adresse Parkplatz am Einödhof »Töpferei im Chausseehaus« an der Hauptstraße zwischen Rothenburg ob der Tauber und Steinsfeld, Chausseehaus 1, 91628 Steinsfeld | Tipp Verbinden Sie den Ausflug zum Lindleinsee mit einer Wanderung durchs Steinachtal.

68 Die Hammerschmiede
Die Kraft des Wassers

Einsam eingebettet ins Schandtaubertal und wunderprächtig in ihrer altehrwürdigen Anmut steht die Hammerschmiede vor einem und reckt den mehrstufigen, verrußten Schornstein in den Himmel der Frankenhöhe. Wer würde da daran denken, dass er sich in einem eigenständigen Gemeindeteil von Rothenburg befindet, der im Jahre 1950 sage und schreibe acht Einwohner beherbergte? Vier Jahrzehnte später waren es sogar nur noch zwei.

Johann Kaspar Bundschuh schrieb 1800 im Geographischen Statistisch-Topographischen Lexikon von Franken: »Hammerschmiede, (die), an der Schandtauber gegen Bettenfeld, hat 4 Hämmer, einen Glatt= einen Lupen= einen Streck= und einen Platthammer.«

Einst wurden in der Hammerschmiede Werkzeuge und Waffen von riesigen Schlaghämmern geschmiedet. Durch die Wucht der Schläge hat sich der Boden in dem einen Stockwerk und die Decke in dem anderen Stockwerk durchgebogen. Wie in so vielen Mühlen im Taubertal wurde auch in der Hammerschmiede das Mühlenrad vom Mühlbach beziehungsweise von der nebenan verlaufenden Schandtauber betrieben. Damit ist sie eine von 57 Mühlen im oberen Taubertal im einstigen reichsstädtischen Herrschaftsgebiet. Erwähnt wurde sie auf einer gezeichneten Landkarte bereits um 1579. Seitdem ist sie immer wieder auf Karten erwähnt worden, wie auf der historisch kolorierten Karte von Franken als »Erster und gröster Theil des gantzen hochlöblichen Franckischen Craisses: in welchem ... Hohenlo, ... das Nürnbergische Gebiet ... vorgestellt werden«, oder auf einer Karte für ein reiseorientiertes Publikum aus der ersten Hälfte des 18. Jahrhunderts. Darauf wird Franken allegorisch durch zwei Figuren mit Feldfrüchten und Weinreben in der Titelkartusche dargestellt.

Die Hammerschmiede ist nur von außen zu besichtigen. Um die Privatsphäre der Bewohner zu respektieren, sollte dies unbedingt berücksichtigt und das Privatgelände nicht betreten werden.

Adresse Schandtaubertal, Taubertalweg, 91541 Rothenburg ob der Tauber | **Anfahrt** bis Rothenburg ob der Tauber mit dem Zug oder dem Auto, nach dem Wildbad aus rechts ins Schandtaubertal bis zur Hammerschmiede (rechts) | **Tipp** Von Rothenburg ob der Tauber erreichen Sie die Hammerschmiede gemütlich mit dem Fahrrad oder zu Fuß ab dem Wildbad über die Gipsmühle, Naysis Place und biegen dann gleich nach der Brücke rechts ins Schandtaubertal ab.

ROTHENBURG OB DER TAUBER

69 Das Hotel Eisenhut
Wo der Schah und Farah Diba nächtigten

Das Gästebuch des traditionsreichen Patriziergebäudes inmitten der Rothenburger Altstadt liest sich wie das Who's who der Weltgeschichte. Von Asterix mit einer umgebundenen Serviette und der Signatur seines Schöpfers Uderzo bis zum Foto von Harald Juhnke vor dem hauseigenen offenen Kamin ist alles zu finden. »Herzlichen Dank für Ihre Zuvorkommenheit«, hat Juhnke daruntergeschrieben. »Fünf Jahre habe ich darauf gewartet, ins Hotel Eisenhut zu kommen.« Auch ein Bild von Jason Donovan mit Gitarre und den Worten ist darunter: »To the nice little hotel on the street from Donovan and family!« Das ist der Eisenhut wahrlich, mit seinem barocken Frühstücksraum im »Rittersaal«, dem Speisesaal mit Kronleuchter und Holztafel.

Doch auch weniger ansehnliche Gäste besuchten das Haus im Laufe der Jahrzehnte. So speiste Adolf Hitler im Eisenhut – allerdings ohne dort zu nächtigen –, dessen Eintrag übrigens nicht (mehr) im Gästebuch zu finden ist. Übernachtet haben dagegen einige seiner Vasallen, unter ihnen Heinrich Himmler, nach dem Reichsparteitag am 4. September 1933.

Einer der eindrucksvollsten Besuche dürfte der des Schahs von Persien und seiner Gattin Farah Diba Ende Mai 1967 gewesen sein. Gleich mit drei Fotos sind sie im Gästebuch verewigt. Die Stadt war zur Hochsicherheitszone erklärt worden, iranische Studierende des damals noch in Rothenburg ansässigen Goethe-Instituts in den Urlaub geschickt worden, um nicht gegen den Besuch ihres Gewaltherrschers zu protestieren. Und dann ist doch glatt der Aufzug mit dem Schah, Farah und der damaligen Wirtin des Eisenhuts Paula Pirner stecken geblieben! Glücklicherweise konnte er wieder in Gang gebracht werden, und der Staatsbesuch nächtigte in der Suite mit den Engelsköpfen neben dem Ehebett und dem Storch im Ankleidezimmer darüber. So konnten sie den jubelnden Rothenburgern am nächsten Tag ausgeschlafen gegenübertreten.

Adresse Herrngasse 3–5/7, 91541 Rothenburg ob der Tauber | **ÖPNV** RB 82 ab Steinach (bei Rothenburg ob der Tauber) | **Anfahrt** Parken Sie außerhalb der Stadtmauer. Zur Herrngasse kommen Sie in wenigen Minuten nordöstlich der »Alten Burg«. | **Tipp** Buchen Sie sich ein Zimmer mit Blick ins Taubertal.

ROTHENBURG OB DER TAUBER

70 Das Hotel Goldener Hirsch
Filmkulisse und Blauer Salon

An diesem Wahlsonntag 1950, als in Rothenburg noch zerbombte Häuser in Schutt und Asche lagen, nicht wenige Versehrte die Straßen säumten und die Schrecken des Krieges noch allgegenwärtig waren, dürfte es einigen Rothenburgern kalt über den Buckel hinuntergelaufen sein. Was keineswegs an dem Wahlergebnis lag, es bogen Kübelwagen um die Ecke, marschierten finster dreinschauende Wehrmachtssoldaten mit geschultertem Karabiner durch die engen Gassen. Überall Leute, die wie im Krieg ihr Hab und Gut auf quietschenden Holzkarren schoben und Pappkartons schleppten.

Und das, obwohl an diesem Sonntag, den 26. November 1950, die amerikanische Filmgesellschaft 20th Century Fox für eine Liebesszene nach Rothenburg kam. Mit 30 Wagen reisten sie an, um für den Hollywoodfilm »Entscheidung im Morgengrauen« mit Hildegard Knef und Oskar Werner im Hotel Goldener Hirsch zu drehen. Regie führte Anatole Litvak. Die Schaulustigen säumten damals die Straßen. Der äußerst gelungene Schwarz-Weiß-Streifen ist immer noch sehenswert, ebenso wie die junge Hildegard Knef dem ebenso jungen Oskar Werner in der Wirtsstube des Staudt'schen Hauses schöne Augen macht. Heute ist der Salon das sogenannte Spielzimmer, mit Billardtisch und gemütlichen Sofas.

Die beeindruckendste Kulisse, wenn man im Blauen Salon des Hotels Goldener Hirsch Platz nimmt, ist wohl das Taubertal selbst. Wie ein Ölgemälde glänzt es dort zu den Füßen der Stadt: die Doppelbrücke, die Tauber, der Topplerturm. Der Besuch des Cafés und Restaurants ist eine besondere Reise ins Taubertal, und das, ohne sich auch nur einen Meter von seinem Platz zu bewegen. Der Ausblick ist sozusagen Aperitif und Dessert in einem.

Umrahmt wird dieses Schmankerl von goldenen Kronleuchtern, mit blauem Samt bezogenen Stühlen und Teppich.

Adresse Untere Schmiedgasse 16 und 25, 91541 Rothenburg ob der Tauber | **ÖPNV** RB 82 ab Steinach (bei Rothenburg ob der Tauber) | **Anfahrt** Empfehlenswert ist das Parken am südwestlichen Altstadtrand von Rothenburg ob der Tauber, also außerhalb der historischen Stadtmauer. Die Untere Schmiedgasse selbst ist 200 Meter südöstlich der »Alten Burg«. | **Tipp** Den wirklich sehenswerten Antikriegsfilm »Entscheidung vor Morgengrauen« können Sie sich unter anderem auf YouTube ansehen. Oder buchen Sie direkt auf der Internetseite des Hotels Goldener Hirsch eines von zwei Angeboten: »Rothenburger Kurzurlaub« oder »Romantische Tage zu zweit« mit einer späten Abreise, um das Wochenende gemütlich ausklingen zu lassen.

71 Der Kletterwald
Fliegen zwischen Wipfeln und Wurzeln

Wer wollte nicht schon einmal den uralten Menschheitstraum vom Fliegen erleben? Im Kletterwald Rothenburg ob der Tauber, über den Dächern der Stadt und zwischen Baumwipfeln und deren Wurzeln, ist dies auf über 145 Kletterelementen in 14 Parcours immer wieder möglich – so geht es beispielsweise in luftiger Höhe mit Klettergurt und Seil an der Seilbahn von einem Baum zum nächsten! Der Kletterwald bietet Action und Spaß für die ganze Familie, ob auf einem an zwei Seilen aufgespannten Bobbycar über eine hölzerne Hängebrücke oder durch ein Spinnennetz aus Seilen. Mitmachen können die Kleinen ab einem Alter von fünf Jahren in Begleitung eines Erwachsenen. Dafür muss man kein Bergfex sein und Fünftausender erklommen haben, Gesundheit, durchschnittliche Fitness und ein wenig Mut reichen völlig. Und schon wird man erleben, wie man über sich hinauswächst, buchstäblich in bis dato unbekannte Höhen.

Die Parcours haben urige Namen wie Koala, der leichteste Parcours, auf dem sich bereits Kinder ab fünf Jahren in Begleitung ihrer Familie von Station zu Station hangeln können. Kniffliger wird's dagegen beim Faultier, obwohl der Name etwas anderes verspricht. Der herausfordernde Brüllaffe macht seinem Namen alle Ehre. Allerdings ist er aufgrund des Schwierigkeitsgrades erst ab neun Jahren zu erklettern beziehungsweise auf der Seilbahn zu erschwingen.

Wichtig für den Kletterspaß im Wald sind strapazierfähige Bekleidung, die schmutzig werden darf, und festes, geschlossenes Schuhwerk. Insgesamt zweieinhalb Stunden darf man durch den Wald kraxeln, nur bei Gewitter, Starkregen, Sturmwarnung oder sehr schlechter Witterung bleibt der Kletterwald geschlossen. Besonders attraktiv ist ein Besuch am Geburtstag, denn ab acht zahlenden Personen klettert das Geburtstagskind kostenlos.

Wichtig: Um Wartezeiten zu vermeiden, ist eine Onlinebuchung über www.kletterwald-rothenburg.com zu empfehlen. Und im Kletterwald ist ausschließlich Barzahlung möglich.

Adresse Blinksteige, 91541 Rothenburg ob der Tauber | **Anfahrt** Von Rothenburg ob der Tauber kommend, auf der St 1022 Richtung Langenburg/Schrozberg/Bossendorf. Circa zwei Kilometer nach dem Ortsausgangsschild »Rothenburg« befindet sich rechts direkt hinter der Photovoltaikanlage der Parkplatz des Kletterwalds. Von dort sind es nur wenige Meter bis ins Vergnügen. | **Tipp** Wandern Sie vom Wildbad über das Blinktal zum Kletterwald.

72 Der Lotos-Garten
Im Garten der Achtsamkeit ruhen

Inmitten des schmucklosen Gewerbegebietes am Rande von Rothenburg ob der Tauber findet sich eine Oase der Ruhe: der Lotos-Garten. Schon der von Hügeln, Bäumen, Sträuchern und einer roten Pagode umgebene Parkplatz weist darauf hin, dass sich hinter dem altehrwürdigen, 250 Jahre alten indischen Tor mit den seltenen Schnitzereien über dem Eingang etwas Einzigartiges verbirgt. Darauf zu sehen ist der indische Elefantengott Ganesha. In Indien schreiben Schriftsteller und auch Schüler und Schülerinnen schon mal ein Ganesha-Mantra nieder, das Glück bringen soll. Ein Ort der Muße ist der Lotos-Garten sicherlich. Er lädt ein zum Innehalten, zum Abstand vom Lärm der Zeit, aber ebenso zum Kreativsein oder zum Lesen.

In der buddhistischen und der hinduistischen Symbolik steht die Lotosblüte dafür, Schmutz von sich zu weisen, erwächst und ernährt sie sich doch aus dem sie umgebenden Schlamm. In Asien ist sie häufig ein Symbol für Treue, Reinheit und Erleuchtung, weshalb Buddha in Bildnissen oft auch auf geöffneten Lotosblüten dargestellt wird. Inmitten dieses liebevoll gestalteten Gartens mit Teehaus, einem Pagodenpavillon und der roten Brücke der Erleuchtung sind viele Orte gegeben, um in Ruhe zu sich selbst zu finden – oder einfach nur zur Ruhe zu kommen. Und auch für die kulinarischen Genüsse ist gesorgt: sei es deftig mit Pizza oder süß mit Torten.

Neben dem Café findet sich auch noch ein einzigartiger Verkaufsladen für Lichthäuser, da die Besitzer, Familie Ley, die vielleicht größten Lichthausproduzenten hierzulande sind. Wenn es heiß wird, kann auf der Terrasse unter dem grünen Dach eines üppig sprießenden Blauregens der Hitze getrotzt werden, während die sprudelnden und plätschernden Teiche den Besucher in den gegenwärtigen Moment holen. Denn wie Zen-Meister Dogen schreibt: »Das Erwachen ist wie der Mond im Wasser / Der Mond wird nicht nass, das Wasser nicht gebrochen.«

Adresse Erlbacher Straße 108, 91541 Rothenburg ob der Tauber | **Anfahrt** am Gewerbegebiet-Süd Rothenburg vorbei bis »Am Igelsbach« | **Öffnungszeiten** April bis Mitte Dezember täglich; genaue Zeiten auf der Website www.lotos-garten.de | **Tipp** Gönnen Sie sich ein Frühstücksbüfett, das einmal im Monat im Lotos-Garten angeboten wird. Eine Reservierung wird empfohlen.

73 Die Mikwe
Das einzigartige jüdische Rothenburger Ritualbad

»Es ist ein wahrer Glücksfall, dass sich bei uns in Rothenburg im Haus Judengasse 10 eine spätmittelalterliche Mikwe über einen Zeitraum von mehr als 600 Jahren erhalten hat«, schwärmt der Rothenburger Bürgermeister und Historiker Dr. Markus Naser. »Ganz besonders wird sie dadurch, dass sie nicht isoliert erhalten geblieben ist, sondern im Gesamtkontext mit dem Doppelhaus Judengasse 10/12. Wenn man das Haus betritt, dann taucht man direkt in die Geschichte ein. Einfach phantastisch!«

Die Begeisterung wird nachvollziehbar, wenn man das denkmalgeschützte Gebäude von nationaler Bedeutung betritt, wie es im Jargon des Kulturerbes Bayerns heißt. Trotz der unzähligen historischen Gebäude in der alten Reichsstadt das einzige dieser Art. Steigt man in das Kellergewölbe der Hausnummer 10, kann man das bislang einzige in Rothenburg entdeckte jüdische Ritualbad bestaunen, eine sogenannte Mikwe. Sie existierte schon, als das Wohnhaus 1409 erbaut wurde. Als einzige Mikwe in Deutschland aus dem 15. Jahrhundert ist sie gemeinsam mit dem dazugehörenden Haus erhalten. Zwischen Wänden aus Lehm und Stroh befindet sich im ersten Obergeschoss außerdem eine nahezu vollständig erhaltene Bohlenstube, die »Gute Stube«.

Die Judengasse, in der sich die Mikwe befindet, verlief wie die erste mittelalterliche Stadtmauer mit dem vorgelagerten Stadtgraben. Nachdem der Stadtgraben verfestigt wurde, entstand die südliche Häuserzeile mit der Mikwe und die Häuser der Judengasse 10 und 12. Die jüdische Gemeinde stellte im Mittelalter in Rothenburg ob der Tauber ein Zentrum des jüdischen Lebens im Süden des Heiligen Römischen Reiches Deutscher Nation dar. Bis zum »Rintfleisch-Pogrom« von 1298, bei dem alle Juden getötet wurden. Danach siedelten sich erneut Juden in Rothenburg an, die Gemeinde erlangte aber nie wieder ihre damalige Bedeutung. So ist auch die Mikwe ein Denkmal jüdischen Lebens in Deutschland.

Adresse Judengasse 10, 91541 Rothenburg ob der Tauber | ÖPNV RB 82 ab Steinach (bei Rothenburg ob der Tauber) | Anfahrt Empfehlenswert ist das Parken am südwestlichen Altstadtrand von Rothenburg ob der Tauber, also außerhalb der historischen Stadtmauer. Die Judengasse selbst ist 200 Meter nordöstlich der »Alten Burg«. | Tipp Für Besichtigungen informieren Sie sich bitte bei der Touristeninformation Rothenburg ob der Tauber.

74 Das Mittelalterliche Kriminalmuseum

Von Daumenschrauben und Prangern

Das Mittelalterliche Kriminalmuseum Rothenburg ob der Tauber gibt es seit über 100 Jahren. Es gilt als Deutschlands bedeutsamstes Rechtskundemuseum, dessen deutschlandweit einzigartige Sammlung durch regelmäßig wechselnde Sonderausstellungen erweitert wird, wie anlässlich des runden Geburtstags »Hund und Katz – Wolf und Spatz. Tiere in der Rechtsgeschichte«.

Bereits am Eintritt empfängt die Besucher ein Duplikat der Eisernen Jungfrau mit eisernem Gesichtsausdruck. Folgt man der Treppe im ehemaligen Kloster nach oben, kann man das sagenumwobene Original in einer Glasvitrine besichtigen. Im »Folterkeller« des Kriminalmuseums startet eine Zeitreise durch Jahrhunderte unterschiedlicher Rechtsauffassungen und Foltermethoden. Der Gespickte Hase, eine Streckbank mit Spitzen, ist dort ebenso zu finden wie die sprichwörtlichen Daumenschrauben. Auch ein Pranger »to go« ist zu entdecken, den es auch in einer Ausführung für zwei Personen gibt, wie etwa für zankende Ehepaare. Der Pranger zählte, wie auch die Bäckerstaufe, zu den sogenannten Ehrenstrafen im Mittelalter. Denn damals gab es festgelegte Größen für Brot – wurden diese unterschritten, wurde der Bäcker in einen lebensgroßen Käfig gesperrt und in Jauche getaucht.

Der sachliche Umgang mit Rechtsbeständen ohne Effekthascherei und immer mit der Aufklärung im Blick ist eine Stärke der Dauerausstellung des Kriminalmuseums. Erstaunt stellen die Besucher fest, dass es bestimmte Regeln für Folterungen gab. So durften beispielsweise Alte, Kranke und Schwangere nicht gefoltert werden. Das in der Folterkammer abgelegte Geständnis der Tat war nicht gültig, sondern musste außerhalb freiwillig wiederholt oder erstmals geäußert werden.

Der Besuch des Mittelalterlichen Kriminalmuseums ist eine packende Zeitreise mit vielen spannenden Hintergrundinfos.

Adresse Burggasse 3–5, 91541 Rothenburg ob der Tauber | **ÖPNV** RB 82 ab Steinach (bei Rothenburg ob der Tauber) | **Anfahrt** Der nächstgelegene Parkplatz: P1 – Am Friedrich-Hörner-Weg. Das Museum selbst befindet sich etwa 150 Meter östlich der Alten Burg. | **Öffnungszeiten** täglich von 10–18 Uhr | **Tipp** Informieren Sie sich auf der Internetseite über die aktuelle Sonderausstellung.

75 Das Plönlein

Der Weltstar unter den Sehenswürdigkeiten

Ist das Plönlein das schepse, wie die Franken sagen, schiefe gelbe Fachwerkhaus vielleicht? Über das in der Denkmalliste steht: »Wohnhaus, zweigeschossiger Traufseitenbau, vorkragendes Fachwerk, Untergeschoss mittelalterlich, Obergeschoss 16. Jahrhundert, Fassade zum Plönlein 19. Jahrhundert«. Im weitesten Sinne kann man es zu diesem Weltstar dazuzählen. Genau genommen aber heißt Plönlein »Kleiner Platz am Brunnen«. Somit gehört der Brunnen vor dem Fachwerkhaus genauso dazu wie die zwei beiderseits dahinter hochragenden Türme der alten Stadtmauer. Der wuchtige Siebersturm, mit der einer Sonnenuhr ähnelnden Uhr, weist linker Hand ins Spitalviertel, das Kobolzeller Tor von 1360 führt ins Taubertal hinunter. Und genau diese Straße rechter Hand lohnt es sich ein paar Schritte hinabzugehen, um einen Blick in die Unterwelt des Plönleins, auf die 1607 errichtete, tröpfelnde Brunnenwanne zu werfen. Denn der Brunnen des Plönleins hatte die überlebenswichtige Funktion der Trinkwasserversorgung in der Stadt. Durch den wasserdurchlässigen Muschelkalkuntergrund stellte dies ein hohes Gut dar. Die steinernen, mit Holz abgedeckten Tröge sind übrigens Fischwannen. Diese Kombination kann in der ganzen Stadt entdeckt werden.

Doch nicht nur als Fotomotiv ist das Plönlein attraktiv, auch in so manchen Filmklassiker hat das Rothenburger Markenzeichen Einzug gefunden. So fungierte es 1940 für Walt Disneys »Pinocchio« als Kulisse und ist in Videospielen, Musikvideos und Comics zu finden.

Vermutlich schauen die beiden Felsfratzen vor dem Brunnen auch derart grantig drein, weil sie ständig im Mittelpunkt stehen und eigentlich nur ihre Ruhe haben wollen. Erfreuen Sie sich dennoch am schmucken Anblick des Plönleins – vielleicht schwappt Ihre Freude ja auf die beiden Miesepeter über? Nicht vergessen, das Handy zu zücken – ein Schnappschuss vom Plönlein muss einfach sein.

Adresse Plönlein, 91541 Rothenburg ob der Tauber | **ÖPNV** RB 82 ab Steinach (bei Rothenburg ob der Tauber) | **Anfahrt** Empfehlenswert ist das Parken am südwestlichen Altstadtrand von Rothenburg ob der Tauber, also außerhalb der historischen Stadtmauer. Das Plönlein selbst ist etwa 500 Meter südöstlich der »Alten Burg«. | **Tipp** Vom Plönlein aus lässt sich die einzigartige, teils erhaltene, teils wiederhergestellte Stadtmauer erkunden. Los geht's hinter dem Siebersturm links im Spitalviertel.

76 Die Skisprungschanze
Engelsburg der Kelten

Atemberaubend schön ist dieser einzigartige Aussichtspunkt auf den westlichen Teil Rothenburgs, die Rothenburger Altstadt mit Blick auf den Burggarten und die »Riviera«, den sonnendurchfluteten Südhang Rothenburgs, unterhalb der Stadtmauer. Der Aussichtspunkt bei der Skisprungschanze ist in einer entspannten Nachmittagswanderung selbst an heißen Tagen oder wenn es geschneit hat, gut zu erreichen – auch dann, wenn man kein Leistungssportler ist.

Auf der Riviera wachsen Wein, aber auch Schlehen, Tulpen, Apfel- und Pflaumenbäume und sogar japanische Zierkirschen. Die Weinstöcke schmiegen sich kreisförmig an den Sonnenhang. Wer vom vergorenen Saft kosten möchte, dem sei eine Probe im Weingut Thürauf empfohlen. Die Stadtmauer bietet bei dieser Skyline Orientierung, und man kann den Blick vom Kobolzeller Tor zum Spitaltor über Kirchen und Türme der ehemals freien Reichsstadt Rothenburg wandern lassen. Zu ihren und unseren Füßen fließt die Tauber, was die Bedeutung des Beinamens ob der Tauber unterstreicht.

Die Engelsburg, auch Oppidum genannt, schaut auf eine ruhmreiche Historie zurück. Etwa 500 bis 400 v. Chr. errichteten die Kelten hier eine Fliehburg, ein Oppidum, die sogenannte Engelsburg, die von einem Stammesfürsten regiert wurde. Ein Wall, der die Kelten schützte, ist sogar heute noch zu erkennen. Südlich und östlich wird die Engelsburg von der Tauber und im Norden vom Vorbach umflossen. Einst stand hier die Rothenburger Skisprungschanze, von der noch die Spitze existiert. Sie wurde 1953 als Holzschanze am Hang gegenüber der Burg errichtet, von der aus so mancher Skispringer die 37 Meter ins Tal und der Stadt entgegensegelte. 1988 wurde sie wiederaufgebaut, und zwei Jahre und eine halbe Million Deutsche Mark später war die 40-Meter-Schanze schließlich fertiggestellt. Bei den darauffolgenden Turnieren fieberten Tausende Zuschauer mit den winterlichen Athleten mit.

Heute können sie dort bei einem Picknick und einem Glas Wein entspannen.

Adresse gegenüber Hochzeitswäldchen, 91451 Rothenburg ob der Tauber | **Anfahrt** Von Rothenburg ob der Tauber ins Taubertal, dann rechts Richtung Leuzenbronn. Oben am Berg ist linker Hand das Hochzeitswäldchen mit Parkmöglichkeit, gegenüber führt der Waldweg geradewegs zur ehemaligen Skisprungschanze beziehungsweise zur Engelsburg. Ausreichend Parkplätze sind auch in Leuzenbronn vorhanden. | **Tipp** Verbinden Sie den Ausflug zur ehemaligen Skisprungschanze mit einer Wanderung von Rothenburg ob der Tauber durchs Taubertal.

ROTHENBURG OB DER TAUBER

77 _ Das Topplerschlösschen
Das älteste bekannte »Wochenendhaus«

»Es steht ein Schlösschen im Thale / Tief unter der alten Stadt / Und eine Mühle klappert / und plätschert das Wasserrad / Stolz raget der spitze Giebel / Aus blühender Bäume Kranz / … Und leise rauschten die Blätter / Ein Märchen im Abendwehn / Und Zauber umfloß das Schlößchen / Es war so feierlich schön. Ich lauschte und hörte Singen / von Toppler, dem großen Mann / Wie manche schöne Stunde / Im Schlösschen ihm verran. Und hörte von Kaiser Wenzel / Und Wein und Würfelspiel / dann klang es dumpfer und dumpfer / Und Klang wie ein Trauerspiel. Ein Windstoß fuhr in das Raunen / Und die Stimmen verklangen all: Still stand das Schlößchen im Abend / und Friede zog durchs Tal«, dichtete Fr. Pehl 1912.

Das sagenumwobene Topplerschlösschen, das sich Rothenburgs Bürgermeister Heinrich Toppler errichten ließ, steht wie ein Häuschen auf einem Sockel. Man könnte meinen, wenn der Wind zu stark weht, könnte es heruntergeschubst werden. In dieser kuriosen Mischung aus Wehrturm und Wohnhaus stand es einst inmitten eines künstlichen, mittlerweile abgelassenen Sees. Darum sind die unteren zwei Stockwerke auch aus groben Steinen und die darüber befindlichen zwei Wohngeschosse aus dünnen Fachwerkwänden gebaut.

Toppler war der bedeutendste Bürgermeister der freien Reichsstadt Rothenburg, sein Geburtsdatum liegt irgendwann zwischen 1345 und 1350. Bereits im jungen Alter wurde er im Jahre 1373 Bürgermeister und waltete als Stadtoberhaupt bis 1407. Zu Topplers mächtigsten Kontrahenten zählten die Bischöfe, die damals die geistlichen Landesherren von Würzburg walteten, und die Hohenzollern, die Burggrafen von Nürnberg. Renoviert wurde das Topplerschlösschen 1976 vor knapp fünfzig Jahren von den heutigen Eigentümern, der Familie Boas. Beigesetzt wurde der ehemalige Bürgermeister nach seinem mysteriösen Tod im Kerker in der Topplerkapelle der Jakobskirche in Rothenburg.

Adresse Taubertalweg 100, 91541 Rothenburg ob der Tauber | **Anfahrt** Von Ansbach beziehungsweise von der A 7 kommend in Richtung »Schrozberg, Langenburg« an der Altstadt von Rothenburg ob der Tauber vorbei ins Taubertal, dann über die Doppelbrücke nach rechts in den Taubertalweg. Empfehlung: Nach der Brücke parken und zu Fuß etwa 800 Meter entlang der Tauber wandern. An Sonntagen ist die Straße hier ohnehin nur für Anwohner frei. | **Tipp** Einen Steinwurf Richtung Detwang befindet sich die Fuchsmühle, an der sich auch weiterhin das Mühlenrad durch das Wasser der Tauber dreht.

78 Urlaub im Fachwerkhaus
Das alte Pumpenhaus oder Naysis Place

Es waren einmal Eltern im Taubertal bei Rothenburg ob der Tauber, die gaben ihren Kindern Wein zu trinken, der auf den Weinbergen am Rande der Stadt auf den Sonnenhängen angebaut wurde. Denn wenn sie Wasser aus einer der vermeintlichen Quellen im Taubertal tranken, wurde ihnen unwohl. Handelte es sich doch nicht um Quellen, sondern um Dolinen, aus denen gesammeltes Wasser aus der Umgebung floss, das keineswegs trinkbar war. Mit dem Wein wurde das Wasser desinfiziert, trinkbar gemacht. Heute kaum vorstellbar, in welchem Zustand sich die Kinder damals herumgetrieben und was sie dabei alles für Schabernack angestellt haben mussten.

Wein trinken und die Seele baumeln lassen kann man dagegen immer noch im Garten des gelben Fachwerkhauses am Taubertalweg. Das wildromantische gelbe Häuslein des Goldschmieds Stefan Nägelein befindet sich einen Steinwurf entfernt vom atemberaubenden Schandtaubertal mitten im Naturpark Frankenhöhe, genau an der Stelle, wo sich Tauber und Schandtauber vereinen, und mit Blick auf die Gipsmühle am anderen Flussufer. Einst verrichtete es seinen Dienst als Pumpenhäuschen, das Trinkwasser in die Stadt hinaufbeförderte. Noch heute sind insgesamt drei Speicherbecken unter dem Haus beziehungsweise im Garten zu finden.

Das halbe Fachwerkhaus ist als gemütliches Ferienapartment ausgebaut und perfekt für alle, die eine naturnahe Entschleunigung suchen. Die beginnt schon am Morgen, wenn Sie von der Regenwalddusche direkt ins Grüne blicken. Und wenn Sie schon immer einmal sehen wollten, wie ein Goldschmied arbeitet, dürfen Sie Stefan Nägelein bei seinem Kunsthandwerk sicher einmal über die Schulter schauen.

Hier, am Eingang des lieblichen Schandtaubertals, wohnen Sie exklusiv, mit eigenem Eingang. Gefrühstückt werden kann unter der alles überspannenden Esche, bei Vogelgezwitscher und plätscherndem Wasser. Und wenn Sie Glück haben, flitzt ein smaragdener Blitz vorüber: der fesche Eisvogel.

Adresse Taubertalweg 28b, 91541 Rothenburg ob der Tauber; Kosten: Übernachtungspreis ab 93 Euro pro Nacht inkl. für zwei Personen, keine weiteren Kosten (www.naysisplace.de) | ÖPNV RB 82 ab Steinach (bei Rothenburg ob der Tauber), durch den Park des Wildbads nach unten zur Tauber, dann links | Anfahrt An der Altstadt von Rothenburg ob der Tauber in Richtung »Schrozberg, Langenburg« vorbei in Richtung Taubertal. Hinter der Brücke am Taubertalweg aufwärts liegt Naysis Place nach 400 Metern auf der rechten Seite. | Tipp Goldschmied Stefan Nägelein bietet seine Unikate aus Gold und Silber auch zum Verkauf an. Für einen Atelierbesuch rufen Sie einfach kurz an, oder sehen Sie sich ausgewählte Stücke online an.

79 Das Wildbad

Das Kurbad des Erfinders der Beinprothese

Wer eine Auszeit vom quirligen Touristenziel Rothenburg ob der Tauber benötigt, dem sei das fußläufig erreichbare Wildbad im Taubertal empfohlen. Ist man die Treppen an den Pavillons vorbei hinabgestiegen, taucht man in ein wohltuendes Idyll aus Wiese, Wald und schlossartiger Kuranstalt ein, gelegen am Hangufer der gemächlich dahinfließenden Tauber.

Chroniken berichten, dass am »Tage Lucae des Jahres 1356 zur Vesperzeit ... ein gewaltiges Erdbeben verspürt wurde«. Danach sah man »... eine Quelle heraussprudeln, deren Wasser einen ganz fremdartigen Geschmack hatte«. Das Wildbad war geboren, das heilsame Wasser lockte Menschen von nah und fern. Um 1400 errichtete der berühmte Bürgermeister Heinrich Toppler ein Badehaus, das die Stadt Rothenburg aufgrund des großen Zuspruchs 1539 zu einer »Badeherberge« vergrößerte. Denn das Wasser *curiere*, also kuriere, glaubte man 1746. Und um 1914 erweiterte sie der Laienorthopäde Friedrich Hessing, der auch die Beinprothese erfand und damit unzähligen Versehrten neue Lebensfreude schenkte, um einige stattliche Gebäude.

Heute befindet sich neben dem Kurhaus am Ufer in dem barocken Mittel- und Villenbau eine evangelische Bildungsstätte mit prunkvollen Sälen, funktionalen Tagungsräumen und ansprechenden Zimmern, die den Geist der Epochen verströmen. Gäste speisen im lichtdurchfluteten Wintergarten mit bunten Glasmalereien an den Fenstern. Unter den Kronleuchtern des glanzvollen Rokokosaals fanden 1945 erfolgreiche Friedensgespräche statt, die Rothenburg vor einem Sturm der US-Alliierten bewahrten. Im Lindenhain und unter den weinberankten Altanen lässt sich am Ufer der Tauber gerade an heißen Sommertagen Kraft tanken und verweilen. Die aufwendig restaurierte, hölzerne Kegelbahn lädt zum Spiel. Kunstwerke von namhaften Künstlerinnen und Künstlern aus aller Welt laden zu Genuss, Erkenntnisgewinn und zum Flanieren ein.

Adresse Taubertalweg 42, 91541 Rothenburg ob der Tauber | **ÖPNV** RB 82 ab Steinach (bei Rothenburg ob der Tauber) | **Anfahrt** An der Altstadt von Rothenburg ob der Tauber in Richtung »Schrozberg, Langenburg« vorbei. Dann dem Wegweiser »Evangelische Tagungsstätte Wildbad« in Richtung Taubertal folgen. | **Tipp** Kegeln Sie auf der hauseigenen hölzernen Bahn im Grünen wie anno dazumal.

80 Die Kuhschellenwiese
Steppenboten

Teufelsbart wurde die Küchenschelle vor langer Zeit genannt, die in Franken auch Kuhschelln heißt. In Brandenburg ging die Mär rum, dass dort, wo sie wuchs, ein Jäger eine Hexe aus der Luft heruntergeschossen habe. Andernorts ging man davon aus, dass Gänseküken noch im Ei ersticken würden, seien Kuhschellen im Haus. Heute weiß man es besser, und dennoch ist sie immer noch giftig und kann Tieren sogar das Leben kosten, wenn sie die auf Muschelkalk gedeihende Blume verspeisen.

Eine Augenweide, die einen innehalten und ganz im Augenblick verweilen lässt, ist der Steppenhang im Ruhbachtal nahe des Steinbachtals bei Rothenburg ob der Tauber. Die »pelzverbrämten lila Glocken«, wie sie der Nürnberger Autor Hans Scherzer vor gut 100 Jahren nannte, »die Kinder der russischen und pannonischen Steppe, die da glutäugig blühen in einem stillen Winkel des Frankenlandes, die den großen Rückzug ihrer Brüder versäumt haben und nun seit Jahrtausenden mit jedem Lenz ein Stückchen Steppenzauber dem Lande schenken, das sie unbehelligt und ungestört ihr lichtes Blumendasein blühen läßt«. Womit Scherzer auf die einstigen Gletscher Bezug nimmt, die sich dann wieder zurückzogen. Jetzt wächst auf den ehemaligen Meeresbewohnern, den Muscheln, auf dem Kalk-Magerrasen die Küchenschelle *Pulsatilla vulgaris*.

Zum Küchenschellenhang im Ruhbachtal führen zwei Wege. Einer, wenn man vom ehemaligen Chausseehaus, das auf dem Weg von Rothenburg nach Steinsfeld führt, am Waldrand entlangwandert. Der andere durchs Steinbachtal, das auch von Steinbach im Taubertal zugänglich ist. Im Steinbachtal muss man die alte Steinbrücke ins beschauliche Ruhbachtal mit hochgewachsenen Pappeln überqueren. Den Hang linker Hand hinauf und dann wieder rechts, gelangt man auf die Kuhschellenwiese. In dessen Nähe finden sich mit Mauerwerk und einer rostigen Leiter sogar noch Überreste eines Flussbades.

Adresse siehe Text. | Tipp Wandern Sie von Rothenburg ob der Tauber den Panoramaweg ins Steinbachtal und von dort zur Kuhschellenwiese und über den Lindleinsee zurück.

81 Die Papiermühle
Gefängnis und Brennen für Papier

Im Herzen des engen und darum umso wilderen Schandtaubertals finden sich Überreste einer Papiermühle, von der nur noch ein Rundbogen samt Loch unterhalb der Waldstraße erhalten geblieben ist. Am besten besichtigen beziehungsweise zu ihr hinlaufen kann man über einen Pfad in einer Kurve etwa einen Kilometer vor der Hammerschmiede, der am Ufer der Schandtauber entlangführt. Von da an geht es quer durchs Gestrüpp zu den Überresten der Mühle.

Leicht hatten es die Papiermüller in Rothenburg ob der Tauber nicht. Erstmals planten sie Anfang des 15. Jahrhunderts eine Papiermühle zu erbauen, wobei es bei den Plänen blieb. 1538 war es dann so weit, und zwei Rothenburger wollten eine Papiermühle errichten, ein Reutlinger Papiermacher sollte sie dabei unterstützen. Nach den damaligen Gesetzen machte sich dieser damit aber strafbar, da er keinem dienen durfte, der das Papiermachen nicht gelernt hatte. Und die beiden Rothenburger gingen einem anderen Beruf nach. Nichtsdestotrotz wurde die Papiermühle fertiggestellt und von der Familie Planck bis Mitte des 17. Jahrhunderts betrieben. Allerdings machte der vernichtende Dreißigjährige Krieg nicht halt vor der Papiermühle, und sie wurde in Teilen von den französischen Truppen zerstört. Wind und Wetter setzten sie dann gänzlich außer Gefecht. Der Rat von Rothenburg hegte großes Interesse an einer Papiermühle, aber die daran interessierten Papierer hatten nicht genügend Geld im Säckel. Dies brachte 1684 erst Johann Ewaldt mit und errichtete eine Papiermühle an der Schandtauber, die von der Stadt in Pacht gegeben wurde. 1719 erwarb sie Caspar Wolfgang Schreyer. Der letzte Papiermüller im Schatten des Schandhofes an der Schandtauber war Johann Georg Eberhardt, bis sie am 31. Mai 1874 endgültig niederbrannte. Vielleicht können wir unser heutiges Papier mehr wertschätzen, wenn man sich vor Augen hält, was für eine Arbeit es einst war, es herzustellen.

Adresse Schandtaubertal | **Anfahrt** bis Rothenburg ob der Tauber mit dem Zug oder dem Auto; von Wildbad aus rechts ins Schandtaubertal, kurz vor der Hammerschmiede | **Tipp** Wenn Sie weiter bis zur Hammerschmiede gehen, aber nicht rechts über die Brücke, den Berg hinauf und dann rechts einen Pfad den Hang hinunter abbiegen, können Sie weiter bis nach Bettenfeld zur Schandtauberquelle wandern.

RÜGLAND

82 Das Feldbahnmuseum
Auf Gleisen aus ganz Europa unterwegs

»Wissen Sie, warum Züge auf Schienen fahren? Damit sie immer in der Spur bleiben«, heißt es bei Jim Knopf und Lukas dem Lokomotivführer. Wir schreiben das Jahr 2021: 25 Tonnen Schienen werden abgeladen, nachdem sie von Niederösterreich bis auf die Frankenhöhe transportiert wurden. Auf diesen Schienen beförderten die Straßenbahnwagen der österreichischen Florianerbahn täglich Berufstätige und Schüler, bis die Fahrten 1973 eingestellt wurden. Nun sollen die Gleise die bereits vorhandenen Gleise der Jagsttalbahn und anderer regionaler Feldbahnen um die angepeilte Bahnstrecke ergänzen. Über 900 Meter lang wird sie sein und vom Lokschuppen am Rügländer Wertstoffhof über den Mettlachbach am Waldrand entlang bis zur Mettlachmühle führen. So sollen die Besucher erleben, wie es sich anfühlt, auf einer ungefederten Feldbahn zu fahren.

Die Macher des Museums bewarben sich bei 30 verschiedenen Gemeinden, um dort die Idee für ihr Museum zu präsentieren. Am vielversprechendsten empfanden sie die Umgebung bei Rügland, da sie sich hier in landschaftlich reizvoller Atmosphäre mit einer zukünftig zwei Meter breiten Trasse niederlassen konnten, die nicht im Kreis fahren muss. Die Trassenbreite benötigen sie für den Schotter und den Schwellenrost von 1,30 Meter.

An den Wochenenden werden die 35 Lokomotiven und über 100 Feldbahnwagen unterschiedlicher Bauart nach und nach restauriert. In ihrem früheren Leben arbeiteten sie im Bergbau oder transportierten als Waldbahn im Bayerischen Wald Holz in baumrindenrauen Mengen. Außerdem finden sich dort Kipploren aus Bad Wurzach, die sogenannten Sattelwagen, die vom Aussehen an einen Sattel erinnern und aus denen der gestochene Torf herausfiel, wenn die Seitenklappen geöffnet wurden. Oder eine Waldbahn vom Spitzingsee. Da werden Kinder zu Jim Knopf und Erwachsene zu Lukas dem Lokomotivführer.

Adresse Methlachstraße / Am Kleeberg, 91622 Rügland | **Anfahrt** Rügland liegt an der Staatsstraße zwischen Ansbach und Neuhof/Zenn. In Rügland der Beschilderung Kläranlage/Wertstoffhof folgen. Circa 500 Meter außerhalb des Ortes ist rechts die Frankenfeldbahn. | **Tipp** Jeden Samstag ist das Fränkische Feldbahnmuseum geöffnet und kann ganz praktisch »er-fahren« werden, auf einem Personenwagen oder einer Lok.

83 Die Burgruine »Mausoleum«

Hoch lebe die Phantasie!

Hoch oben auf dem Bergsporn Rosenberg liegt die Burgruine, knapp unterhalb der Bergkuppe und steil über dem Tal, und schaut hinunter auf den Ort Rügland. Der Ort wurde als Rugelandum erstmals erwähnt, was unter anderem zurückgeht auf das Bestimmungswort *ruog*, mittelhochdeutsch für Streit. Vielleicht darum die Spornburg, die zu den häufigsten Arten der Höhenburgen im deutschsprachigen Raum zählt. Die Ruine Rosenberg Rügland steht mitten im Naturpark Frankenhöhe im Bereich Flachslanden. Dass sich der Ortsname von »lant« ableitet, einem kleinen, mit Hacke oder Spaten bestellten Landstück, sowie von dem Wort »Flaks«, ist von hier oben, von »Rōsnberch« aus, wie Rügländer ihr Rosenberg liebevoll nennen, sehr gut nachzuvollziehen. Dieser Name wiederum geht zurück auf den Besitzer Eberhart von Rosenbergk, sagen die einen. Andere meinen, es handle sich um einen Phantasienamen, weil er nicht auf eine reale Gegebenheit verweise, wie es bis ins 13. Jahrhundert noch üblich gewesen sei. Daraus wird geschlossen, dass die Burg wohl erst im 14. Jahrhundert erbaut wurde.

An Streuobstwiesen und einer Landwirtschaft vorbei gelangt man über einen Hohlweg zur ehemaligen Burg, die 450 Meter über Normalnull liegt. An einem gemauerten Kamin mit den Insignien 1828 kann auch heute noch an lauen Sommernächten hoch über dem Fachwerkdorf Rügland gesellig gegrillt werden. Dafür lehnt ein Stapel Feuerholz am Fuße des Rundturmes.

Die Ruine des zweigeschossigen Eckturms mit Spitzbogenfenster und Schießscharten liegt auf einem trapezförmigen Plateau. Dessen Innenleben wird unter, über und neben dem rund 15 Meter breiten Graben und Ringwall freigelegt: Wurzelwerk und Erdschichten offenbaren die Erdgeschichte der Frankenhöhe. Darüber, unter der weit ausladenden Linde, laden eine Bank und sogar eine Liege dazu ein, von der Frankenhöhe weit ins Tal zu schauen.

Adresse Rosenberg, 91622 Rügland | **Anfahrt** Rügland liegt an der Staatsstraße zwischen Ansbach und Neuhof/Zenn. Im Ortsteil Rosenberg (auf der Höhe über Rügland) nahe dem Feuerwehrhaus parken. Vom Fußweg an der Staatsstraße biegt nach wenigen Metern links ein weiterer Fußweg ab: Am Zaun entlang gelangen Sie nach etwa 300 Metern zur Ruine. | **Tipp** Parken Sie am Fußgänger- und Fahrradweg und wandern Sie den Weg parallel zur Hauptstraße am Hühnerhof und der Streuobstwiese vorbei nach Rosenberg hinauf, bevor Sie dort oben vergeblich nach einem der raren Parkplätze suchen.

84 Der Badesee Fischhaus
Badevergnügen in der Natur

Das Fürstentum Schillingsfürst zählte zu Hohenlohe, bevor es Napoleon 1806 dem Königreich Bayern zuteilte. Weshalb die Franken einen Brass auf ihn haben und er sich vermutlich besser nicht im Badesee Fischhaus sehen lassen sollte, sonst könnte es ihm passieren, dass er zur Strafe getaucht wird.

Um welch ein Juwel es sich bei dieser Badestelle handelt, ist schon auf der schwarz-weißen Postkarte des »Badsee am Fischhaus« von 1906 zu erkennen: Wasser, Wiese, Wald. Im Schatten des Mischwaldes ragen die hölzernen Umkleidekabinen wie ein Steg über das kühle Nass, ein Ruderboot schippert über das Wasser. Feine Damen in wallenden Kleidern flanieren unter Sonnenschirmen über den saftig grünen Uferhang. Gänzlich ohne Chemie kam die Badestelle auch damals schon aus, speiste sie sich doch vom naturreinen Wasser einer nahen Waldquelle.

Oberlehrer Matthias Hauck erwarb um 1900 vom Fürstenhaus Hohenlohe-Schillingsfürst den sogenannten Oberen Fischhausweiher, der auch Dietrichsbucksee genannt wird. So konnten sich die Menschen in der Frankenhöhe in der brütenden Sommerhitze darin erquicken.

1938, als in Deutschland der Hitlerfaschismus wütete, erwarb die Marktgemeinde den Weiher von Herrn Hauck für 6.000 Reichsmark und baute ihn getreu dem Motto »Eine gesunder Geist wohnt in einem gesunden Körper« zum Volksbad aus. Natürlich war der damalige Geist alles andere als gesund. Dennoch sind die seinerzeit sanierten Umkleidekabinen aus Holz mit den blau getünchten Türen immer noch schön anzusehen. In den 1980er Jahren erhöhte die Gemeinde dann unter anderem den Damm und versah den Weiher mit einer neuen Filteranlage, damit auch weiterhin im sauberen Wasser geplanscht werden konnte.

Heute kann man schon mal den chicen Eisvogel bewundern oder dem Gesang des Pirols lauschen.

Adresse Fischhaus, 91583 Schillingsfürst | **Anfahrt** A 6, Ausfahrt Feuchtwangen-Nord oder A 7, Ausfahrt Dombühl Richtung Schillingsfürst | **Öffnungszeiten** bei Badewetter: ab Pfingsten bis zur Kirchweih (2. Septemberwochenende); täglich von 9–19 Uhr (bei Lufttemperatur über 20 Grad Celsius, bei Regen bleibt die Anlage geschlossen), Eintritt frei | **Tipp** Lassen Sie den lauen Sommerabend vom Wall, dem Aussichtspunkt am Eingang zum Schloss Schillingsfürst, ausklingen.

85 Das Ludwig-Doerfler-Museum
Der malende Polizist

Wenn man Ludwig Doerfler auf alten Bildern sieht, käme man eher auf den Gedanken, ein Hippie statt eines Landespolizisten wäre dort abgebildet worden. Doch Doerfler war Künstler und Staatsbeamter in einem, eine vermutlich eher seltene Kombi.

Bis zum Ausbruch des Zweiten Weltkrieges studierte er zwölf Semester an der Akademie der Bildenden Künste in München. In dieser Zeit wurde er mit zahlreichen Preisen und Stipendien gewürdigt, so zum Beispiel mit dem Bamberger Stipendium der Freiherr-von-Ostheim'schen-Stiftung, das ihm einen halbjährlichen Aufenthalt in Paris ermöglicht hätte. Der Krieg machte Doerfler jedoch einen Strich durch die Rechnung, da sein Münchner Atelier von Bomben zerstört worden war, musste er zurück nach Schillingsfürst.

Seine Arbeit ermöglichte ihm 1974, das ehemalige Amtsgericht mit Garten, Gartenhaus und einem Gebäudeteil des ehemaligen Hoftheaters zu erwerben, in dem heute seine Bilder zu bestaunen sind. Sie sind nur eine überschaubare Auswahl seines künstlerischen Nachlasses, der über 2.200 Bilder umfasst und von Miniaturskizzen, die er mit »Südzucker-Papier« auf die Rückseite von Briefen oder Wahlplakaten zeichnete, bis zum großen Tafelbild reicht. Aquarelle, Bleistift- und Tuschezeichnungen, Radierungen sowie Temperabilder zeigen Impressionen von Reisen nach Spanien, Italien oder Frankreich, aber auch die Frankenhöhe und die Lebenswelt der einfachen Leute hat Doerfler auf Öl auf Leinwand, auf Papier, Holz oder Karton verewigt, weshalb er auch den Beinamen »Frankenmaler« trägt.

Doerfler wurde mit diversen Ehrenbürgerwürden ausgezeichnet. Mit 88 Jahren verstarb der Junggeselle im Sommer 1992. Seine leiblichen Überreste sind im Familiengrab im Alten Friedhof Schillingsfürst zu finden.

Adresse Neue Gasse 1, 91853 Schillingsfürst | **Anfahrt** über Ausfahrt Wörnitz der A 7 fünf Kilometer folgen, über Ausfahrt Feuchtwangen-Nord der A 6 sieben Kilometer folgen | **Öffnungszeiten** jeweils ab Ende März–November von Mi–So und an Feiertagen von 12–18 Uhr sowie zu Veranstaltungen; Aktuelles: www.ludwig-doerfler-museum.de; Eintritt: 4 Euro; Gruppen 3 Euro (nähere Infos erfragen) | **Tipp** Nehmen Sie sich Zeit für die Ohrringe und Ketten, die im Eingangsbereich des Museums ausgestellt sind. Die einzigartigen Unikate aus China und Tibet sind aparte Mitbringsel, die Sie dort erwerben können.

86 Das Museum der Jenischen Sprache
Von Wanderarbeitern und einer Geheimsprache

Über einen Garten mit Obstbäumen gelangt man zum heimeligen »Theaterchen«; der perfekte Ort für ein Museum über eine Geheimsprache. Die Jenischen, die sie pflegten, waren ein nicht sesshaftes, umherziehendes Volk, die sich einer ethnischen Volksgruppe zuordneten, die sich über Jahrhunderte aus sozio-ökonomischen Gründen gebildet hatte. »Bischt monisch bleibscht haure, bist wittisch bauscht oh, sunscht kummt da larifari und gufft die gwand oh«, heißt es in einem undatierten jenischen Gedicht, was übersetzt heißt: »Wenn du dazugehörst, bleib da, wenn nicht, geh weg. Sonst kommt der Teufel und schlägt dich windelweich.«

Wie alle nicht sesshaften Menschen waren die Jenischen von Gewalt und Drangsalierung durch Staat und Polizei betroffen, die im Dritten Reich einen traurigen Höhepunkt erreichte. Sie wurden etikettiert als »herrenloses Gesindel«, weil sie durch ein Aufenthaltsverbot in Städten und durch Nischentätigkeiten und als in Betracht kommende Kriminelle stigmatisiert waren. Und so entwickelten sie eine Geheimsprache, um sich klandestin, also ganz klammheimlich, austauschen zu können.

Doch irgendwann erkannte das Fürstenhaus Hohenlohe Waldenburg-Schillingsfürst die Fähigkeiten der Jenischen. Fürst Karl Albrecht I. startete einen Aufruf, woraufhin sich »katholische Colonisten« in Schillingsfürst ansiedelten. Ihr Erbe ist bis auf das Museum weitestgehend aus der Stadt verschwunden, obwohl sich auch heute noch Menschen über ganz Mittel- und Westeuropa verstreut als Jenische sehen. Das Schillingsfürster Jenisch ist tief in der fränkischen Mundart verwurzelt, was sich auch in der Aussprache typischer Dialektbegriffe widerspiegelt. Das Museum lädt nahezu spielerisch dazu ein, sich dieser alten Sprache anzunähern, wenn man zum Beispiel vor dem jenischen Mann in Arbeitskleidung mit Gehstock, dem *Stenz*, steht.

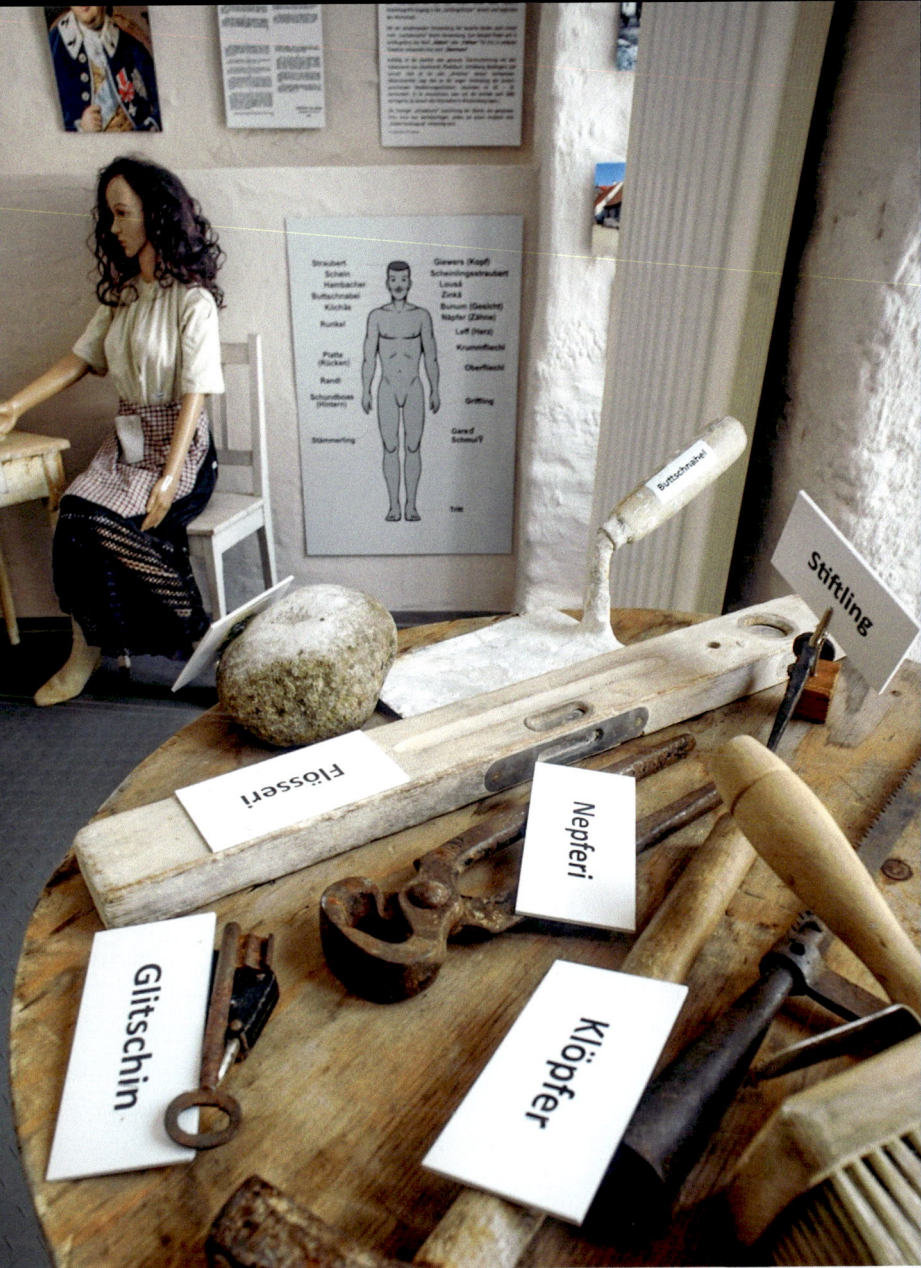

Adresse Neue Gasse 1, 91853 Schillingsfürst | **Anfahrt** über Ausfahrt Wörnitz der A7 fünf Kilometer folgen, über Ausfahrt Feuchtwangen-Nord der A6 sieben Kilometer folgen | **Öffnungszeiten** jeweils ab Ende März–Nov. von Mi–So / Feiertag 12–18 Uhr sowie zu Veranstaltungen; Aktuelles: www.jenisch-museum.de | **Tipp** Im Museum können Sie ein lesenswertes Wörterbuch des Jenischen erwerben. Und auch sonst bereitet es großes Vergnügen, die lautmalerischen Worte auszusprechen.

87 Die Ochsentretanlage
Ein frühes Wunder der Technik

»Ochsen gehen langsam, ziehen aber gut«, lautet ein altes Sprichwort. Das werden sich auch die Erfinder der »Historischen Ochsentretanlage« hoch oben auf der Frankenhöhe in Schillingsfürst gedacht haben. Bis 1922 lief ohne die Ochsen im Schillingsfürster Schloss im wahrsten Sinne des Wortes nichts, denn die Rinder übernahmen ab 1702 die fürstliche Wasserversorgung und trieben dafür eine Tretscheibe an, mittels derer das Wasser zum höher gelegenen und genau eineinhalb Kilometer entfernten Schloss transportiert wurde.

Im barocken Turm neben dem Kräutergarten werden die Lebenswelt der Brunnenwärterfamilie im 17./18. Jahrhundert sowie auch das eindrucksvolle Herz der Ochsentretanlage greifbar, die vermutlich nicht nur das Herz des Ochsen hat höherschlagen lassen. Der Geist der damaligen Zeit erweckt dort alle Sinne, wenn man im Schatten einer mächtigen Esche, neben der eisernen Handpumpe, deren Wasser sich in einem Steintrog ergießt, in den Turm eintritt, an Holzfässern vorbei, in das feuchte Gewölbe, wo man das Wasser sprudeln hört. Das dort zu besichtigende hölzerne Pumpwerk ist heute ein Unikat und ein Teil Technikgeschichte der Frankenhöhe. Ein besonders eindrucksvolles Ausstellungsstück ist außerdem die Miniaturochsentretanlage, die in einem zweiten Kasten in einer Miniaturküche den Ofen zum Dampfen bringt. 2023 wurde das Ausstellungskonzept rundum erneuert und an den Geschmack heutiger Museumsbesucher angepasst und ergänzt.

Die Ochsentretanlage funktioniert hier nur, weil die artesische Quelle bis heute das Wasser mit Überdruck nach oben pumpt. Wo sich die Quelle befindet, ist übrigens bis heute unklar. Daran ändert auch die Bauernschläue mancher Zeitgenossen nichts, die Farbe in die Quelle schütten möchten, um deren Ursprung zu entdecken. Denn wie und vor allem wo färben, wenn der Ort unbekannt ist? Da macht man sich doch zum Ochsen oder zum Schaf. Passend zum kleinen Schäferschlafwagen, der vor dem Museum steht.

Adresse Brunnenhausweg 25, 91583 Schillingsfürst | **Anfahrt** über Ausfahrt Wörnitz der A7 fünf Kilometer folgen, über Ausfahrt Feuchtwangen-Nord der A6 sieben Kilometer folgen | **Öffnungszeiten** von Ostersonntag bis Ende Oktober: So 13–18 Uhr; individuelle Gruppenführungen nach vorheriger Vereinbarung unter 09868/222 (Infocenter Schillingsfürst) | **Tipp** Jeden ersten Sonntag im Oktober wird es in der Ochsentretanlage lebendig, denn dann wird Apfelmost gepresst, zeigen Handwerker ihr Können, wird musiziert, getrunken und gelacht. Doch auch am jeweils zweiten Sonntag zwischen Juni und September werden Kaffee, Kuchen und Getränke in der Museumsscheune angeboten.

88 Die Filialkirche St. Sixtus
Eine wehrhafte Kirche

Gleich gegenüber der mächtigen alten Dorflinde steht sie, die imposante evangelisch-lutherische Filialkirche St. Sixtus. Manch einer wird sich erst einmal zwicken, weil er sich angesichts der klobigen grauen Steine, aus denen die eindrucksvolle Kirche auf dem Hügel mit der dicken Mauer darum erbaut wurde, in der Normandie wähnt. Aber nein, wir befinden uns inmitten der Frankenhöhe, wo im 15. und 16. Jahrhundert feindliche Truppen auch diese Kirche zu plündern und überfallen drohten. Denn so wurde damals Krieg geführt, und St. Sixtus diente als Wehrkirche und schützte die Gläubigen der Kirchengemeinde in den blutigen Kriegstagen, bot ihnen Zuflucht.

Tatsächlich stammen Teile der Kirche aus dem 13. Jahrhundert, weshalb die Kirche unter Denkmalschutz steht. Das Baujahr der eineinhalb Meter hohen Umfassungsmauern wird um das Jahr 1245 vermutet, sie sind derart robust errichtet, dass sie bis heute noch erhalten sind. Dahinter ist der Friedhof von Faulenberg zu finden. Teile der Lanzettenfenster sind ebenfalls noch aus der Anfangszeit erhalten, wie auch das Langhaus und der romanische Turm. Aufgrund des Saalbaus mit eingezogenem Rechteckchor im Turm wird sie als Chorturmkirche bezeichnet. Interessanterweise wurde der Turm damals über dem Altarraum gebaut, dem sogenannten Chor. Im 15. Jahrhundert wurde das Pyramidendach des Kirchturms auf die Firsthöhe des Langhauses gekürzt und St. Sixtus dem gotischen Stil angeglichen. Aus dieser Zeit stammt auch das Pferde-Hochrelief im Sturz über einem Eingang. Nur einen Steinwurf von der Kirche entfernt befand sich südlich in einem Wald zwischen zwei Bachtälern in der Flur Roter Berg, auch Schlösserholz genannt, ein Burgstall. Heute allerdings sind er und glücklicherweise auch die raubenden Krieger verschwunden. Mögen sie in Frieden ruhen. Oder wie es in der Bergpredigt heißt. »Selig sind, die Frieden stiften.«

Adresse Faulenberg 20, 91583 Schillingsfürst | **ÖPNV** bis Rothenburg ob der Tauber oder Dombühl mit dem Zug und dann mit dem Rad | **Anfahrt** über Schillingsfürst (Ausfahrt Wörnitz der A 7, über Ausfahrt Feuchtwangen-Nord der A 6) östlich bis Faulenberg | **Tipp** Wenn Sie von Faulenberg über Neuweiler und Gaishof nach Gastenfelden fahren, sehen Sie links der Straße bei Gaishof einen ehemaligen Weiherdamm. Dieser ist Zeugnis der einstigen Bedeutung der Fischzucht für die Adeligen, mit denen selbst Heinrich Toppler hochrangige Gäste der Reichsstadt Rothenburg bewirtete.

89 Die Schwarze Madonna
Fremd bin ich eingezogen

Am 14. September 1525, am Mittwoch nach Kreuzerhöhung, brannten die Söldner des Ritters von Thüngen die Schweinsdorfer Kirche nieder. Unklar ist, ob der damalige Altar ebenfalls vernichtet wurde. Findige Gläubige hatten anschließend den Einfall, die schwarze Madonna aus einer Rothenburger Muttergemeinde nach Schweinsdorf zu bringen. Das unter Riemenschneiders Mitarbeit geschaffene Meisterwerk lebte ganze 370 Jahre dort. Wo sie davor stand, ist unklar: entweder in der Kobolzeller Kirche oder in der Kapelle zur Reinen Maria, in denen ab 1525 keine Gottesdienste mehr gefeiert wurden.

Der 1873 geborene »Altsitzer« der Gemeinde, Leonhard Schmidt, sah die bunt bemalte Marienfigur mit dem Jesus im Arm sogar noch während der Gottesdienste in der Kirche prangen. Dann soll bis 1894 »in der Kirche zu Schweinsdorf auf der westlichen Empore hinter dem Gestühl ein alter Altarschrein mit einer Marienfigur« gelegen haben, schreibt der damalige Pfarrer Wilhelm Dannheimer in »Die Linde« 1961. Ebenfalls 1873 verzierte der Rothenburger Malermeister Christoph Scheibenberger das Holzwerk der Kirche mit, wie damals üblich, künstlicher Maserung. Allerdings konnte die Kirchengemeinde die Malerarbeiten an der Empore im Wert von 80 Mark nicht bezahlen, weshalb der Maler die Madonna als Lohn erhielt. 1906 verkaufte er sie für 1.800 Mark an einen Würzburger Antiquar, und der wiederum veräußerte sie für 12.500 Mark nach Berlin, wo sie 1917 für satte 28.000 Mark versteigert wurde. Übrigens ist die schwarze Madonna in dieser 1333 erbauten und zuletzt von 1996 bis 2002 renovierten evangelischen Kirche eine Kopie – Tilman Riemenschneiders Original ist in Budapest im Nationalmuseum zu bewundern.

Der Glockenstuhl über der schwarzen Madonna wurde 2005 renoviert. In diesem tönt die neue Glocke seitdem zu jeder Stunde durch Schweinsdorf. Fremd bleibt die Katholikin in der protestantischen Kirche trotzdem.

Adresse St. Ottilien-Evangelisch-Lutherische Kirchengemeinde Schweinsdorf; Schweinsdorf 36, 91616 Neusitz | **ÖPNV** Bahnhof Schweinsdorf (RB 82); Buslinie 815 Schweinsdorf Mitte | **Anfahrt** A 7, Ausfahrt Rothenburg ob der Tauber, Richtung Neusitz, an der nächsten Kreuzung links Richtung Schweinsdorf (circa drei Kilometer) | **Tipp** Gehen Sie die Holztreppe nach oben und verweilen Sie einen Moment, während Sie die Ruhe und den Anblick der schlichten, aber dennoch beeindruckenden Kirche genießen.

SCHWEINSDORF

90 — Die Spinnerin
Morde und andere Moritaten

»Das Rädchen / Dreht munter / Das Fädchen / Hinunter: / Wo weilst du / O Lieber / Was eilst du / Fern über? / Und sinn' ich Tagelang / Und spinn' ich Wochenlang, / Bist du mein einz'ger Gedank. Bald seh' ich Seen / Wenn's Rädchen surrt // Indem es schnurrt / Erscheinen Feen ... «, heißt es in »Die Spinnerin« von Ludwig Tieck.

»Spinnmädchenkreuz« oder »-stein« bezieht sich häufig auf eine sagenhafte Überlieferung. Damit wird ein Steinkreuz bezeichnet, das an der Stelle aufgestellt worden ist, wo eine junge Frau auf dem Weg von oder zur Spinnstube der Sage nach umgekommen sein soll. Erzählt wurden diese Sagen, um Frauen davon abzuhalten, sich zur Spinnstube aufzumachen, da diese als »Heiratsmarkt« der Mägde und Knechte galt. Umso gruseliger, umso besser, denn so sollten die jungen Frauen daran gehindert werden, den Heimweg allein anzutreten – oder mit einem Knecht an ihrer Seite.

Das Original-Sühnekreuz ist nicht mehr vorhanden. Das Jetzige wurde dem ursprünglichen Sühnekreuz nachgeahmt und 1983 restauriert. Seinen Ursprung hat es im Spätmittelalter und fußt auf gleich drei Geschichten. Einmal gingen zwei Jungfrauen abends von Schweinsdorf nach Linden in die Spinnstube. Auf dem Nachhauseweg stritten sie sich und die eine Frau erdolchte die andere mit einer Spindel. Eine andere Sage berichtet von einer jungen Magd, die gefragt wurde, ob sie sich auf dem Heimweg durch den Wald nicht fürchtet. Sie machte sich darüber lustig und provozierte damit den Teufel – kurz darauf wurde sie ohne Kopf aufgefunden, der für alle Zeiten verschwunden blieb. Auch in der letzten Sage ging ein Mädchen allein durch die pechschwarze Dunkelheit in die Spinnstube. Sie wurde ebenfalls gefragt, ob es sich allein in der Nacht nicht fürchtet. »Selbst wenn der Teufel käme, hätte ich keine Angst«, antwortete sie. Am nächsten Morgen lag sie tot im Wald; den Kopf grausam verdreht.

Adresse die beiden Sühnekreuze finden sich an der »Alten Schweinsdorfer Steige«, 91616 Neusitz | **ÖPNV** Bahnhof Schweinsdorf (RB 82); Buslinie 815 Schweinsdorf Mitte | **Anfahrt** A 7, Ausfahrt Rothenburg ob der Tauber, Richtung Neusitz, an der nächsten Kreuzung links Richtung Schweinsdorf (circa drei Kilometer). Parken am östlichen Ortsende von Schweinsdorf. | **Tipp** Wenn Sie der Alten Rothenburger Steige folgen und an der Kurve links halten, finden Sie das »Kepplinger Kreuz«, das 1987 erneuert wurde. Am rechten Rand, circa zehn Meter hinter der Leitplanke, befindet sich das noch erhaltene, aber stark verfallene Original. Es geht auf die Sage zurück, dass Hans Georg Kepplinger am 21. Mai des Jahres 1699 wegen 16½ Gulden dort ermordet wurde.

STEINACH BEI ROTHENBURG OB DER TAUBER

91 — Das Tiefenbachtal
Am Fuße der Frankenhöhe

Die eindrucksvolle Wanderung durchs Tiefenbachtal bietet sich an für einen Tagesausflug im Naturpark Frankenhöhe vor Rothenburg ob der Tauber. An- und abreisen kann man entspannt mit der Bahn: günstig, klimafreundlich und in geselliger Runde.

Ab dem Bahnhof geht man Richtung Bundesstraße 470, biegt am Gasthaus »Zum Landthurm« rechts ab und passiert die Bahnunterführung. Dann weist bereits die erste Wegmarkierung Richtung Tiefenbach. Man folgt der Bahnlinie und biegt am Biotop aus Totholzstämmen und Schilf mit einer Ruhebank noch einmal links ab, bis mit einer Wiese das Tiefenbachtal beginnt. Entrückt vom Alltagslärm, nimmt nun die Ruhe des Waldes seinen Platz ein: Vogelgezwitscher, das lang gezogene Fiepen eines Rotmilans oder das Plätschern des Tiefenbachs. Der wilde, mäandernde Flusslauf ist von nun an unser Wegweiser. Ein Riesenmikado aus Totholz wird uns ebenso begleiten wie von Bibern angenagte und gefällte Baumstämme – Eschen, Erlen, Eichen und Pappeln, deren Laub uns im Wind freundlich zuwinkt. Der Bach lädt auch mit Kindern zum Verweilen ein, gerade im Sommer lassen sich hier prima Staudämme bauen und flache Steine flitschen. Entlang des Weges finden sich sechs Informationstafeln, unter anderem zum Lebensraum Gewässer, der Wasserscheide zwischen Rhein und Donau und den Waldtypen. So erfährt man auf der Tafel »Der Biber und sein Lebensraum« die Gründe für die spitzen, abgenagten Baumstämme …

Seinen Ursprung hat der Tiefenbach in zahlreichen Quellen des Wildbads, das zugleich als Mittelpunkt des Rundweges gelten kann. Nach einem halben Dutzend Kilometern fließt er in den Landschaftssee Burgbernheim und von dort in die Aisch. Der Rundweg wiederum führt vom Wildbad über den Parkplatz in den Eichenwald der Frankenhöhe, den Schlossberg hinauf und nach der Rolandeiche einen Hohlweg zu einer Streuobstwiese hinunter.

Adresse ab Wildbad Burgbernheim | **ÖPNV** Bahnhof Steinach (bei Rothenburg ob der Tauber) oder Burgbernheim Bahnhof | **Anfahrt** B 470 bis Burgbernheim oder Steinach bei Rothenburg ob der Tauber | **Tipp** Der idyllisch gelegene Waldgasthof Wildbad bei Burgbernheim bietet sich für eine Einkehr an. Dafür sollten Sie unbedingt einen Tisch reservieren, da die Wirtschaft meist sehr gut besucht ist (Tel. 09843/1321).

STEINSFELD

92 Landwehr-Bräu
Regionaler Hopfen und nachhaltiges CO_2

An der Stelle des heutigen Landwehr-Bräu errichteten die Hohenloher um 1150 eine Zollstation an der Grenze der Vogteien Endsee und Rothenburg, weshalb dort auch ein Rasthaus und eine Schmiede entstanden. Später galoppierten Postpferde samt Kutschen an der Poststraße von Würzburg nach Rothenburg ob der Tauber. An der Steinsfelder Poststation gab der Kutscher die sehnlichst erwarteten Briefe ab, spannte die Pferde aus, gab ihnen Stroh und Wasser. Und nach getaner Arbeit stärkte er sich selbst mit einem Seidla, wie der halbe Liter Bier in Franken genannt wird. Ab dem Jahre 1755 mit einem Landwehr-Bräu – natürlich ausschließlich mit Zutaten nach dem bayerischen Reinheitsgebot von 1516, vermutlich gebraut von einem der 22 Bierbraumeister, die damals in Rothenburg ob der Tauber ansässig waren. Bevor die Brauerei das Anwesen erwarb, gehörte es ab 1387, also im späten Mittelalter, noch gute zwei Jahrzehnte dem berühmten Bürgermeister Rothenburgs, Heinrich Toppler, nach dem bis heute das vollmundige, hopfenherbe Toppler-Pils benannt ist. Das konnte der damals natürlich noch nicht genießen, er sprach in seinem »Weinhaus« auf dem Gelände des heutigen Gasthofes lieber dem Wein zu.

Um heute tief in die Geschichte und Geschicke der Traditionsbrauerei einzutauchen, bietet es sich an, an einer Führung teilzunehmen, bei der man erfährt, was es mit diesem Soldaten auf dem Logo der Brauerei auf sich hat, woher die Gerste des Bieres stammt und wie viel Liter täglich die Brauerei verlassen. Aber auch, wie lange der Gärungs- und Brauprozess dauert und was das Landwehr-Bräu so einzigartig macht. Danach kann man bei einer Bierprobe fränkische Gastlichkeit erleben und beim Gerstensaft mit garantiert nachhaltigem CO_2 auf den Geschmack kommen. Im Sommer nach dem Radeln oder Wandern sei einem das naturtrübe Radler mit natürlichem Zitronensaft empfohlen, um danach mineraliengestärkt die Frankenhöhe vom Drahtesel aus genießen zu können.

Adresse Reichelshofen 31, 91628 Steinsfeld | **ÖPNV** von Rothenburg Bahnhof Bus 857 | **Anfahrt** A 7/B 470 Richtung Endsee/Reichelshofen | **Tipp** Beim jährlichen Brauereifest können Sie die Landwehr-Garde bewundern, die den eigens für die Brauerei komponierten Marsch aufspielt.

TAUBERZELL

93 — Die Heckenwirtschaft
Wo Gastfreundschaft noch großgeschrieben wird

Einmal im Jahr ist es so weit, da öffnet die Winzerfamilie Müller aus Tauberzell ihre Pforten für die allseits beliebte Heckenwirtschaft. Und nicht nur sie – im gesamten Taubertal lebt diese gemeinsinnstiftende Tradition fort, werden Mitte Januar für eine Woche lang viele Weingüter zur Schänke. Da wird Bacchus gefrönt und der Wein aus den eigenen Reben kredenzt. Da werden naturreiner Rebensaft ohne jegliche Zusätze aus dem Fass und eine hausgemachte Vesper serviert. »Kein Zucker, kein chemisches Zeugs. So wie er gwachsen is, wird er ausgebaut und ausgeschenkt«, bringt es Frau Müller auf Fränkisch auf den Punkt. Und sie weiß, wovon sie spricht. Seit 1989 baut die Familie den Wein auf, wie es im Winzerjargon heißt. Mitte Januar ist er dann eine ganze Woche lang in der Häcker- oder auch Besenwirtschaft zu genießen. Das hat in diesem Fall übrigens nichts mit Computern zu tun, sondern leitet sich ab vom Häcker, was fränkisch für Winzer ist beziehungsweise in seiner Kurzform die Häcke, also Hecke, bezeichnet.

Da sie nicht unter Gaststättenbetriebe fallen, bedürfen sie keiner Konzession – vorausgesetzt, sie schenken am Ort der Erzeugung aus. Früher waren das die Wohnzimmer, die eigens dafür leer geräumt wurden. Bei Familie Müller ist das der auf dem Anwesen befindliche einstige Kuh- und Schweinestall, der wie vorgeschrieben über maximal 40 Plätze verfügt. Angeboten werden dürfen lediglich kalte und einfache warme Speisen. Bei den Müllers gibt's deswegen auch frisch gebackenes Brot, Zimtrollen, die berühmten Schneebälle und Hausmacher-Bratwurst mit Kraut. Manchmal erklingt auch Musik vom Akkordeonspieler.

Der Landesbischof Heinrich Bedford-Strohm soll heute noch vom Tauberschwarz-Rotwein schwärmen, einer alten Rebsorte, die er in der Heckenwirtschaft der Familie Müller genossen hat. Ob er mit der Tauberzeller Weinkönigin getanzt hat, ist nicht überliefert.

Adresse Familie Reinhold Müller, Tauberzell 14, 91587 Adelshofen, Tel. 09865/779 | **ÖPNV** von Rothenburg ob der Tauber Bus 980 Weikersheim, oder Bus 857 Endsee Haltestelle Neustett und eine knappe halbe Stunde Fußweg | **Anfahrt** Tauberzell liegt zwischen Rothenburg ob der Tauber und Bad Mergentheim. | **Tipp** Mieten Sie sich Mitte Januar in eine der Ferienwohnungen der Familie Müller ein, damit Sie nach dem Besuch der Heckenwirtschaft auch mit dem Führerschein heimkehren.

TRAUTSKIRCHEN

94 Das Barockschloss
Adeliges Gehöft im Nationalpark Frankenhöhe

Ein wenig wie ein greiser König, dessen besten Tage vorüber sind, thront es da oben auf der Frankenhöhe, am Hang neben der Kirche, und schaut hinunter auf das von Fachwerk durchzogene Dorf Trautskirchen, das Geburtshaus des Gewerkschaftsmitbegründers Hans Böckler und das grüne Tal des Flusses Zenn. Das Tor, durch das man von der Schlossstraße an der Akazienallee in den hufeisenförmige Wirtschaftshof aus dem 16. Jahrhundert gelangt, stützen beiderseits Holzstreben. Vor Stallungen und Scheune wuchern Gras und Beikraut, als hätte sich seit dem 18./19. Jahrhundert, als es erbaut wurde, nichts mehr getan. Und im verwilderten Trockengraben scharren Truthähne nach Futter und rufen »gubbel gubbel«, als gäbe es kein Erntedank. Den Sprenggiebel über dem Haupteingang nach der Schlossbrücke ziert ein rot-weiß-goldener Wappenstein mit zwei nebeneinandergestellten Einzelwappen – das Wappen der Adelsgeschlechter Seckendorff und Ellrichshausen.

In der Eingangshalle des Schlosses tummeln sich zwischen toskanischen Säulen ein Kicker und ein Foto der »Mitarbeiterin des Monats«, an der Wand prangt ein Naturgemälde von spitzen, verschneiten Bergen. In dem zweistöckigen Hauptbau des Schlosses wird gelebt, in den Räumen haben es sich unter anderem Familien mit Kindern gemütlich gemacht, wie die Schuhe vor der großen Türe im ersten Stock vermuten lassen. Die Tafel im Foyer, an der auf rustikalen dunkelbraunen Holzstühlen und einer langen Bank gespeist wird, zeugt noch von anderen Zeiten, als das gemeine Fußvolk im Tale lebte und Ludwig von Seckendorff zu Obernzenn und Meuselwitz das imposante dreiflügelige Barockschloss 1708 erbauen ließ. Im Garten des eingeschossigen Anbaus an der Rückseite trocknet Wäsche an einem Ständer im Wind. Fein, wenn alte Gemäuer mit Kinderlachen und dem Duft von Kaffee und Kuchen gefüllt und so wieder zu neuem Leben erweckt werden.

Adresse Schlossstraße 16, 90619 Trautskirchen | **Anfahrt** Trautskirchen liegt an der Staatsstraße zwischen Neuhof/Zenn und Obernzenn. | **Öffnungszeiten** Achtung: Das Barockschloss kann derzeit nur von außen besichtigt werden. | **Tipp** Wandern Sie vom Barockschloss bergab und dann den Zenntal-Wanderweg entlang an der beschaulichen Zenn bis zum Wasserschloss nach Unternzenn.

TRAUTSKIRCHEN

95 Das Geburtshaus des Hans Böckler
Mitbegründer des Deutschen Gewerkschaftsbundes

Kaum vorstellbar, dass in dieser kleinen Hütte inmitten der Wälder und Wiesen des Naturparks Frankenhöhe Arbeitsweltgeschichte geschrieben wurde. Hier wurde am 26. Februar 1875 der Gewerkschaftsmitbegründer Hans Böckler geboren, nach dem heute sogar die Hauptstraße benannt ist.

Das kleine Tagelöhnerhaus in der Hans-Böckler-Straße 15 ist zugleich ein Fingerzeig in die Geschichte der Arbeiter Trautskirchens. Denn der Tagelöhner Lorenz Kohler erbaute das sogenannte »Tropfhaus« im Jahre 1745. Tropfhaus heißt es, weil das Grundstück lediglich bis zur Begrenzung der vom Dach rinnenden Regentropfen reicht. Zu einem solchen Haus gehörte also nicht mehr an Grundfläche als das Stückchen Land, auf dem es steht. Dagegen reicht im Fränkischen beim »Häckerhaus« das Umfeld bis dorthin, wo es sich mit der Hacke von Hand bearbeiten lässt. Im Tropfhaus wohnte die dörfliche Arbeiterklasse: Bedienstete Tagelöhner und Handwerker, also die Mehrheit der Trautskirchner im 18. Jahrhundert. Böcklers Geburtshaus gehörte damals ebenfalls einem Tagelöhner. Unklar ist, ob die Böcklermutter eine Kammer gemietet hatte oder sie nur zur Geburt in das Haus zog. Böcklers Geburt fiel in die Zeit von Bismarcks repressiven Sozialistengesetzen, als sogar die SPD noch verboten war, in die er später eintrat.

Das Haus ist heute ein kleines Museum der Wurzeln der Gewerkschaftsbewegung in Deutschland. Deren Errungenschaften wie Kündigungsschutz und Lohnfortzahlung im Krankheitsfall sind heute selbstverständlich und werden immer wieder aufgeweicht oder von Unternehmerseite torpediert. Hans Böcklers 1910 geäußertes Versprechen wurde und bleibt Wirklichkeit: »Ich kämpfe um bessere Lebens- und Arbeitsbedingungen für die schaffenden Menschen. Werden sie uns nicht freiwillig zugestanden, dann werden wir sie uns erkämpfen, denn das moralische Recht ist auf unserer Seite.«

Adresse Hans-Böckler-Straße 15, 90619 Trautskirchen | **Anfahrt** Trautskirchen liegt an der Staatsstraße zwischen Neuhof in der Zenn und Obernzenn. | **Öffnungszeiten** jeden ersten Sonntag im Monat von 14–17 Uhr. Schlüssel bei Familie Braun (Tel. 09107/1228) oder im Gasthaus Goldener Stern (Tel. 09107/255) | **Tipp** Lesen Sie den Artikel »Ein Leben für die Gewerkschaft« auf www.bayern-blogger.de, um mehr über Hans Böckler zu erfahren.

96 — Das Schloss Unternzenn
Ein Fass ohne Boden

Das Adelsgeschlecht der Seckendorffs, die Krieger und Diplomaten waren, haben auf der ganzen Frankenhöhe ihre baulichen Spuren hinterlassen. Wie auch im Säckel der Deutschen Stiftung Denkmalschutz – diese steckte allein bis 2016 rund drei Millionen Euro in Statik und Restaurierung des Schloss Unternzenn. Weitere 100.000 Euro wurden für die »Fachwerkinstandsetzung der Nordfassade sowie die statische Sicherung des Bauwerks« lockergemacht. Nicht zuletzt, da die unterschiedlichen Anbauten äußerst dilettantisch hinzugefügt worden waren. Zudem wurde »nicht darauf geachtet, die neuen Trakte fest mit dem alten Gebäudekern zu verbinden«. Aufgrund des unterschiedlichen Gewichts der Anbauten käme es heute ansonsten zu statischen Problemen.

Was die Herkunftsgeschichte angeht, so gibt es unterschiedliche Quellen. Laut der Festschrift des Schlosses ist das Alter nicht urkundlich verifizierbar, doch wird es erstmals 1445 erwähnt. Die Stiftung dagegen spricht davon, dass das Schloss Unternzenn seit 700 Jahren im Besitz der Freiherren von Seckendorff (heute Linie Seckendorff-Aberdar) sei.

Über 500 Jahre soll die dreiflügelige Wasserburg aus dem 13. Jahrhundert vergrößert worden sein. Ursprünglich thronte sie auf einer Erhöhung, Mauern riegelten sie nach außen hin ab. Dann wurde sie aufgestockt und ein Treppenturm von Arbeitern hinzugefügt. Da die Seckendorffs Militärs waren, lag es nahe, dass die Schweden sie im Dreißigjährigen Krieg drängten, gegen die Kaisertruppen zu kämpfen. In dieser Zeit stand das Schloss leer. Mitte des 19. Jahrhunderts trocknete der Graben aus, im Osten wurde eine Terrasse erbaut, und 1909 wurden Zinnen aufgesetzt.

Hoffen wir, dass auch bald die aufwendige Restauration im Inneren des Schlosses besichtigt werden kann und sich somit nicht nur die Adeligen an dem Schloss erfreuen können, sondern zeitgemäß alle Menschen unabhängig von Rang und Namen. Wir dürfen gespannt sein.

Adresse Unternzenn, 91619 Obernzenn | **Anfahrt** Von Nürnberg B 8 und B 470, dann der Beschilderung »Obernzenn« folgen. Der Ortsteil Unternzenn liegt circa zwei Kilometer östlich von Obernzenn. | **Öffnungszeiten** Besichtigung: Die im Besitz der Freiherren von Seckendorff-Aberdar befindliche Schlossanlage Unternzenn ist nur von außen zu besichtigen. | **Tipp** Das Internationale Festival des Liedes findet an mehreren Wochenenden im Juli und August statt. Mehr Infos auf der Website www.dein-lied.com.

97 Die Kirche St. Jakobus und St. Nikolaus
Das Geschlecht der Esel

»Vdelwarteshouin« dürfte einem nur schwer über die Lippen kommen. Und dennoch wurde der Ort Urphertshofen mit diesem Namen um 1214 erstmals urkundlich erwähnt. Der Zungenbrecher geht zurück auf Uodilwart, den Gründer der Siedlung. Ihre Entstehungszeit ist vermutlich in der Herrschaftsdynastie der Karolinger im 8. oder 9. Jahrhundert zu suchen, also in der Zeit der westgermanischen Franken, die ab 751 im Frankenreich regieren. Ihr bekanntester Repräsentant war Karl der Große. Vielleicht liegt es an Urphertshofens abseitiger Lage, am nördlichen Fuß der Frankenhöhe, und dass es beiderseits von zwei Bergen eingefasst wird, oder dass es im Laufe der Geschichte häufig seine Herren wechselte, unter denen sich so manche kuriose Namen fanden – so war unter anderem auch das Geschlecht der Esel vertreten.

Unübersehbar liegt die prägnante St.-Nikolaus-Jakobus-Kirche auf einer Erhöhung in der Ortsmitte. Bei ihrer groben, aus Felsen um 1200 erbauten Fassade wähnt man sich in der Normandie, in Frankreich. Die sie umrahmenden, wuchtigen Stützmauern lassen vermuten, dass sie einst als Wehrkirche fungierte, als Schutz vor angreifenden feindlichen Truppen.

Ende des 17. Jahrhunderts wurde sie dann vergrößert, um mehr Sitzplätze zu schaffen. Die Umfassungsmauern, das Turmuntergeschoss und die Rundbogenfenster samt Südportal stammen noch aus romanischer Zeit des 11. und 12. Jahrhunderts, die aber in den darauffolgenden Jahrhunderten ebenfalls noch verändert wurden. Der Kirche darf sich auch hinterrücks, über eine Treppe, durch das einladende Tor der Nachbarn angenähert werden.

Übrigens entspringt die das Zenntal durchlaufende Zenn in einer Urphertshofener Wiese, die bei den Einheimischen »Weckbrunnen« heißt. Die dazugehörige Wiese nennt sich »Weckwiese«.

Adresse St. Nikolaus und St. Jakobus, Urphertshofen 34, 91619 Obernzenn | **Anfahrt** B 13 bis Oberdachstetten, dann Richtung Obernzenn; auf halbem Weg liegt Urphertshofen | **Tipp** Wandern Sie zu dieser Wiese, die im Dreißigjährigen Krieg aus der Not heraus für nur einen »Weck« verkauft worden sein soll.

URPHERSHOFEN

98 Die Waldstation
Völlig eingelassen in die Natur ...

Während in Asien, Kanada und Neuengland jedes Jahr unzählige Menschen dem feuerfarbenen Laub des Indian Summer hinterherreisen, wird dieses Feuerwerk, wenn jedes Blatt zur Blüte wird (frei nach Albert Camus), in Deutschland nur am Rande wahrgenommen. Vermutlich, weil sie sich nicht blutrot färben, jedenfalls noch nicht, sondern eher um ein Hellgelb herumchangieren. Dennoch verwandelt sich auch auf der Frankenhöhe das Laub in schillernde Farben.

Die Waldstation ist kein besonders eindrücklicher Ort. Doch auf der Tafel sind zukunftsweisende Informationen zu lesen, weil sie uns über die Vergangenheit des Waldes in Deutschland auf- und seine Bedeutung für die Zukunft der Welt und damit der nachfolgenden Generationen erklären. So ist von einer Waldordnung des Fürstentums Brandenburg-Ansbach die Rede, die seit dem Jahre 1528 regelt, wie mit den fürstlichen, aber auch den in Gemeinde- und Privatbesitz befindlichen Waldgebieten verfahren werden darf. Darin war festgelegt, wer sich »Bauholz, Brennholz, Werkholz, Holz für die Köhlerei« entnehmen und wer Holz und Eicheln sammeln durfte.

Von den im Wirtschaftswald angepflanzten Fichten wurden viele durch Stürme und Borkenkäfer hinweggerafft, der aufgrund der Klimakrise nun häufig »außerhalb der Klimahülle der Fichte (zu warme, zu trockene Standorte)« zu finden ist. »Die Natur des Menschen ist Kultur«, davon war der Schweizer Biologe und Zoologe Adolf Portmann fest überzeugt, weshalb der Mensch auch seine Umwelt gestalten kann. Wie wäre es also mit einem »Frankensommer« und damit einer wertschätzenden Naturwahrnehmung? Denn was wir wahrnehmen und wertschätzen, das schützen wir bestenfalls. Also verweilen Sie, um es mit Rainer Maria Rilke zu sagen, an einem Baum gelehnt »... völlig eingelassen in die Natur, in einem beinah unbewussten Anschaun ...«, und geraten Sie damit »auf die andere Seite der Natur. Wie im Traume ...«

Adresse Urphershofen, 91628 Steinsfeld | Anfahrt Von Nürnberg über B 8 und B 470 nach Urphershofen bis zum Trafohäuschen. Von dort bis zum Waldrand den Fußweg die Streuobstwiese entlang Richtung Endsee. | Tipp Erkunden Sie die Waldstation im Rahmen einer Radtour auf dem Fahrradweg »Historische 8« (historische8.gemeinsam.bayern/de/startseite).

99 — Die Burg Virnsberg
Riesen, Nazis und ein Bordell auf der Frankenhöhe

Der Sage nach erbauten zwei Riesen Burg Virnsberg in der Heidenzeit auf Bestreben des Volkes hin. Maultiere schleppten dafür die Steine auf ihrem Rücken die Anhöhe hinauf, genau dorthin, wo sich einst ein altdeutscher Kultplatz befunden haben soll. Die Entstehung dieser Sage wird jeder nachvollziehen können, der sich der hoch oben thronenden, von Wald umgebenen Burg nähert.

Laut dem hochgelehrten Emanuel Wilhelm Detter hat die Burg in dem damals noch Steinweg genannten Ort ihren Ursprung bei den Römern. Denn das benachbarte Burgbernheim, das früher Schönburg genannt wurde, gründete Mark Aurel Antonin, römischer Kaiser um 170 oder 171 n. Chr. Nachweislich die ältesten Burgherren sind Ludwig und Albrich von Virnsberg ab 1235. Da sie aber gegen Kaiser Friedrich II. aufmuckten, mussten sie die Burg an die Hohenloher Grafen abtreten. Die wiederum hatten ein Loch im Geldsäckel, weshalb sie 1259 die Burg in Scheiben an die Burggrafschaft Nürnberg vertickten. Um sich beim Deutschen Orden einzuschmeicheln, schenkte Konrad II. der Fromme sie 1294 dem Deutschen Orden – und schon wurden seine Söhne im Orden aufgenommen. Der ließ in Steinweg außerdem ein Hospital, ein Siechenhaus und vieles mehr erbauen. Um 1700 wurden Ökonomiehof, Taubenhaus und Oberburg errichtet und 1806 vom Freistaat Bayern gekauft, was für die Virnsberger Franken äußerst schmerzhaft gewesen sein dürfte, auch wenn sie seit der Reformation katholisch waren. Der Ort Virnsberg hieß bis zur Säkularisation Steinweg, seither wie die Burg Virnsberg. Die Adelsfamilie Fries, die die Burg ab 1905 bewohnte, musste vor den Nazischergen fliehen. Nach der Nazi-Gewaltherrschaft lebten darin Geflüchtete. Daraufhin durchlebte die Burg verschiedene Funktionen – unter anderem wohl auch als Bordell, wie man sich hinter vorgehaltener Hand erzählt. Heute nennt eine Investorenfirma Burg Virnsberg ihr Eigen. Die Riesen der Jetztzeit.

Adresse Schloßstraße 1–2, 91604 Flachslanden-Virnsberg | **Anfahrt** Von B 470 ab Illesheim, von B 13 ab Oberdachstetten Richtung Flachslanden-Virnsberg | **Tipp** Wandern Sie vom See im Tal über den Weg »Kemmathen« zum Schloss hinauf und legen den Weg der Riesen zurück, die es erbaut haben.

100 Das Heilige Grab
Das Karwochen-Kulissengrab

Anton Hofmann, Jahrgang 1949, kann sich wie viele andere seines Alters noch genau daran erinnern, dass in seiner Kindheit das Heilige Grab während der Karwoche aufgebaut und bis nach der Auferstehungsfeier in der Osternacht stehen gelassen wurde. Es schildert als Bildpredigt den Leidensweg und die Auferstehung Jesu. Unbekannte Künstler fertigten es zwischen 1765 und 1770 als barocke Theaterbühne für die Schlosskapelle des Deutschen Ordens Komturei Virnsberg an.

1917–1965 stand es in der Kirche St. Dionysius in Virnsberg vor dem Hochaltar. Allerdings beschloss das Zweite Vatikanische Konzil 1965, dass derartige Bildpredigten keineswegs mehr benötigt wurden, um die Leidensgeschichte Christi näherzubringen. Der Zeitgeist des 19. Jahrhunderts sprach gegen die Anbetung der Heiligen Gräber, man wollte dieses als zu mystisch und theatralisch verbieten. Also wurde es bis 1988 auf den Dachboden der Dorfkirche verbannt und dann aufwendig restauriert. 1994 konnte es anlässlich der Siebenhundertjahrfeier auf Burg Virnsberg erstmals wieder vor dem Hochaltar aufgebaut werden. Bis 1965 hielten Virnsberger Männer Betstunden am Heiligen Grab an.

Ästhetisch aus der Gesamtkonzeption gefallen wirken die farbigen Beleuchtungen, die sogenannten Schusterlichter, die mit gefärbtem Wasser gefüllt sind. Sie sind an allen erhaltenen Heiligen Gräbern in Süddeutschland, Österreich und Südtirol anzutreffen. Schusterlichter waren früher bei den Handwerkern, die ihren Beruf in den Wohnungen ausübten, besonders wichtig. Die Arbeiterinnen und Arbeiter platzierten eine Kerze dahinter, mit der sie in den Abendstunden die Arbeitsplätze der Schuster, Schneider, Weber, Sattler und vieler anderer Handwerker erhellten, sodass diese ihren Beruf in der Wohnung ausführen konnten. Mit geschliffenen Gläsern konnte das Licht gelenkt werden, beispielsweise auf des Schusters Schuhe. Vielleicht auch heute noch eine Option für die Wohnstube?

Adresse Schafhof 4, 91604 Flachslanden | **Anfahrt** von B 470 ab Illesheim, von B 13 ab Oberdachstetten Richtung Flachslanden-Virnsberg | **Öffnungszeiten** Hinter-Glas-Besichtigung täglich 9–20 Uhr. Führungen 1., 3. u. 5. Sonntag jedes Monats und feiertags 13.15 Uhr sowie nach individueller Vereinbarung unter Tel. 09829/911122 | **Tipp** Schräg gegenüber dem Museum Schafhof 2 befindet sich das ehemalige Amtsknechtshaus – die Polizei der früheren Jahrhunderte. Im Keller befanden sich zwei Gefängniszellen.

VORBACH

101 Die Wanderung der Feuersalamander
Amphibien haben Vorfahrt!

Das wilde, enge Vorbachtal. Es schlängelt sich von der Barbarossabrücke und dem Biergarten »Unter den Linden« am Fuße Rothenburgs und dem Ufer der Tauber entlang. Dort finden sich seit jeher Fossilien aus der Zeit des Muschelkalks. Aber nicht nur das: Jedes Frühjahr, in feuchten, milden Nächten mit mindestens 12 Grad, wenn sich Hase und Igel bereits gute Nacht gesagt haben, vollzieht sich um 22 Uhr herum ein einzigartiges Schauspiel. Dann machen sich die trächtigen Feuersalamanderweibchen, die ansonsten in der Bodenschicht der Auenwälder leben, auf die Reise. Und damit diese nicht qualvoll unter einem Autoreifen enden, sperrt das Verkehrsamt Rothenburg, sobald es losgeht, die Straße, die durchs Tal und das kleine Dorf Vorbach führt. Wie frisch aus der Urzeit wandern dann die hübschen schwarz-gelb gefleckten Amphibien auf die andere Straßenseite zu ihren Absetzgewässern.

Da die Feuersalamander lebend gebären, »setzen« sie ihre rund zehn Monate im Mutterleib herangereiften Larven in kühle Gewässer im Wald. Dieses Ereignis ist in mehrerlei Hinsicht etwas Besonderes, denn Studien haben Folgendes ergeben: »Der Feuersalamander ist in Westmittelfranken äußerst selten und im Landkreis Ansbach nur noch vom Taubertal bekannt.« Darum hat es vor allem »hinsichtlich der Amphibienfauna … wegen des großen Vorkommens des Feuersalamanders … eine regionale Bedeutung. Krankheiten wie der Pilz und Vernichtung seines Lebensraumes durch den Menschen setzen dem schmucken gelb-gebänderten oder gestrichenen Tier schwer zu.« Im Sommer 2022 verendeten im Vorbachtal rund 20 Feuersalamander, vermutlich, weil Autos an ihnen vorbeirauschten und durch den Druck die inneren Organe tödlich verletzt wurden. Ein Tempolimit soll weitere tote Tiere verhindern, damit es weiter wie bei Lurchi heißt: »Lange schallts im Walde noch: Salamander lebe hoch!«

Adresse Vorbachstraße, 91541 Rothenburg-Vorbach | **Anfahrt** von Rothenburg ob der Tauber Richtung Reutsachsen-Schwarzenbronn (St 1020); nach der Tauberbrücke links in den Taubertalweg, nach 50 Meter zweigt rechts die Vorbachstraße hinab | **Tipp** Informieren Sie sich bei der Stadt Rothenburg ob der Tauber, wann die Wanderung genau stattfindet.

WACHSENBERG

102 Lug ins Land
Blick auf Rothenburg und ins Württembergische

Um die hundert Seelen bevölkern das Dörflein Wachsenberg, das auf über 500 Metern hoch oben auf der Frankenhöhe liegt und zur Gemeinde Neusitz zählt. Es wirkt gerade an frischen Herbsttagen wie ausgestorben, ist aber trotzdem eine Reise wert. Nicht nur wegen des Aussichtspunktes »Lug ins Land«, 500 Meter vom Ortskern entfernt. Denn die Komposition an alten Fachwerkbauten mutet an, als wäre die Zeit stehen geblieben. Und das, obwohl der Weiler nicht wenig erlebt hat. Über verschiedene Routen, beispielsweise von Schweinsdorf aus, kann man ihn erwandern.

1255 überließ Lupold von Nordenberg der Kirchenstiftung Neusitz den Weiler Wachsenberg, der ein Jahrzehnt darauf auf das Dominikanerinnenkloster und dann an die Stadt Rothenburg überging. Bürgermeister Heinrich Toppler ließ sodann einen Turm errichten, den »Lug ins Land«, mit dem Ziel, die Rothenburger Landwehr und den Colmberger Kessel zu überblicken, also das Gebiet, über das die Nürnberger Burggrafen angreifen konnten. 1407 war es dann so weit, und der Burggraf Friedrich, die Bischöfe von Würzburg und Bamberg, die Landgrafen von Thüringen und Hessen stürmten, vereint mit anderen feindlichen Adeligen, gen Rothenburg. Die Außenburgen der Stadt brannten, auch Burg Nordenberg; der »Lug ins Land« fiel am 30. August 1407 und wurde dem Erdboden gleichgemacht.

Heute zeugt nur noch eine Bank vom einstigen Turm, von der man aber immer noch weit über Rothenburg und weiter nach Westen ins Württembergische blicken kann. Vor allem, wenn der Tag gerade erst zum Leben erwacht, im gedämpften Licht des Sonnenuntergangs oder im milchigen Mondschein ist die Aussicht ein einzigartiger Genuss. Da Bäume und Gebüsch zunehmend ins Blickfeld rücken und den Blick erschweren, ist ein Besuch im Herbst zu empfehlen, wenn die Blätter lichtes Laub werden. Der Name Wachsenberg geht übrigens auf Wachberg zurück – wie passend.

Adresse Wachsenberg, 91616 Neusitz | **Anfahrt** A 7, Ausfahrt Rothenburg, Richtung Osten auf der St 2250 bis zur Anhöhe, dann links nach Wachsenberg. Nach der gleichnamigen Pension läuft man halb rechts etwa 500 Meter über einen Feldweg zur deutlich sichtbaren Bank neben dem Wasserhochbehälter. | **Tipp** Wandern Sie von den Fischweihern über die Streuobstwiesen die skurrile Einbahnstraße nach Wachsenberg hinauf.

103 — Der Henkersbrunnen
Blutige Geschichte

Gefesselt mit groben Hanfstricken knien die zwei selbstbewussten, als Hexen verurteilten Frauen auf der Wiese auf dem Galgenberg südwestlich von Wettringen. Bekleidet sind sie lediglich mit einem Hüftschurz. Mit geweiteten Augen sehen die beiden Frauen dem Henker dabei zu, wie er mit dem Schwert ausholt. Die Klinge trifft den Hals. Ein Kopf rollt. Ein Raunen geht durch die Menge der Schaulustigen. Der Henker holt noch einmal aus. Auch die zweite Frau wird geköpft. Der Scharfrichter geht zum Brunnen. Hält das blutbesudelte Schwert unter das fließende Wasser. Legt es neben den Brunnen. Wäscht das Blut von seinen Händen.

So oder so ähnlich dürfte es sich einst auf dem Galgenberg zugetragen haben. Dort hatte der Henkersbrunnen seinen früheren Standort. Da eine Straße die Quelle überdeckt hätte, wurde er verlegt und steht seither kurz vor dem Ortseingang an der Hauptstraße. Zu ihm gelangt man durch eine schmale Holzbrücke, was vielleicht symbolisieren mag, auf welch schmalem Grat sich zu jener Zeit selbstbewusste Frauen in einer Männergesellschaft bewegten, wenn sie sich kritisch äußerten. So ist ein Fall in einem Dokument überliefert, nach dem vier Wettringer Männer in einem alten Gerichtsurteil äußern: »Ein Weib im Zent gefangen worden sein, von Mordbrennen wegen und gelegt gen Obergailnau in die Gefenkus (Gefängnis), darnach aus der Gefenkus gen Wettringen ans Halsgericht. Dass drei Mann von Gailnau gesessen sein und zu dreimal ausgeschrien worden für das Land Mordbrennern, danach zu Wettringen bei dem Tauberbrunnen verurteilt zum Tode, darnach verbrennt worden.«

Fein, dass dieses Denkmal des einstigen Schreckens nun in ein Biotop und einen Erholungsort mit Brücke umgewandelt wurde. Also breiten Sie an einem herrlichen Sommertag die Picknickdecke vor dem Henkersbrunnen aus und genießen zusammen mit Ihren Liebsten eine Henkersmahlzeit, die nicht Ihre letzte sein wird.

Adresse an der Michelbacher Straße, 91631 Wettringen | **Anfahrt** Wettringen liegt mittendrin zwischen der Ausfahrt Wörnitz (A7) und der Ausfahrt Schnelldorf (A6). Parken Sie nahe der Tauberquelle, laufen Sie den Feldweg »Hardfeld« nach Westen, überqueren die Michelbacher Straße – und Sie stehen vor dem Henkersbrunnen mit Teich. | **Tipp** Wandern Sie vom Henkersbrunnen in einem schönen Spaziergang zur Tauberquelle.

104 Die Tauberquelle
Die Quelle, die keine ist

»Die Erdgeschichte steht nicht stille so wenig wie die Menschheitsgeschichte«, schrieb Hans Scherzer 1920. Darüber allerdings tobt seit knapp 50 Jahren ein Streit zwischen den Weikersheimern und den Wettringern. Denn wo ist denn nun der Ursprung der Quelle der Tauber, die dem Tal auch ihren Namen gab? Ist es die Quelle in Wettringen oder eine Quelle in Weikersholz in der Gemeinde Rot am See in Baden-Württemberg? Die Wettringer argumentieren damit, dass die Weikersholzer Quelle nordwestlich immer wieder einmal versiegt, ihre dagegen nie. Doch egal, wie man sich entscheidet, die Quelle am Südrand des Städtchens Wettringen ist durchaus schön anzusehen, wie sie gemütlich durch das gemauerte Mäuerlein wenige Meter erst in einen algigen, steinernen Zulauf in die Freiheit entspringt, und dann in den Bachlauf, nachdem sie sich unter Wiesen und Feldern und durch den Ort hindurchgeschlängelt hat.

Ganz leicht zu finden ist sie nicht, die Quelle, obwohl sie an der Hauptstraße liegt. Wenn man von Wettringen kommt, liegt sie hinter der Holzbrücke, rechter Hand, gegenüber dem türkis getünchten Wohnhaus, dahinter ein Grenzstein. Durch das romantische Taubertal fließt die Tauber weiter an der weltberühmten Stadt Rothenburg vorbei, nach Tauberbischofsheim und bei Wertheim in den Main. Mit ihrer Kraft wurden früher bis zur Landesgrenze beachtliche 34 Mühlen angetrieben. In Wettringen waren das zum Beispiel die Brühl-, Löffel- und Taubermühle. 2016 wurde die einstige künstliche Begradigung der Tauber wieder aufgehoben, und sie wurde zwischen Tauberbischofsheim und Impfingen renaturiert. Damit konnten sich Fauna und Flora von den menschlichen Eingriffen wieder erholen.

Früher stand auf dem Marktplatz von Weikersheim sogar ein turmähnliches Häuslein, das Tauberhäuschen, das zusammen mit der Tauberquelle stolz den Urlaubern und gezeigt wurde.

Adresse Grüber Straße, 91631 Wettringen, am Ende der Bebauung links von der Straße | **Anfahrt** Wettringen liegt mittendrin zwischen der Ausfahrt Wörnitz an der A 7 oder der Ausfahrt Schnelldorf an der A 6. | **Tipp** Von der Quelle bis zu Mündung in den Main verläuft ein nahezu durchgängiger Radweg, der diesen Fluss und die Mühlenvergangenheit lebendig werden lässt.

105 — Der Naturpark Frankenhöhe

Mensch und Natur dienen

Es heißt, das Paradies soll ein Tal gewesen sein, abgeschirmt von der Welt des Mangels. Diese Sichtweise ist in den Naturschutz der Menschen der nördlichen Halbkugel eingeflossen. Auf der einen Seite die reine Natur, die es zu schützen gilt, der Nationalpark, auf der anderen Seite die unreine Natur, Äcker oder Weiden, die dem Menschen untertan gemacht werden dürfen. Einen mittleren Pfad bilden Naturparks, in denen versucht wird, den Bedürfnissen von Mensch und Natur gerecht zu werden.

»Er bildet vor allem vier Lebensräume ab«, so der Frankenhöhe-Naturpark-Ranger Benjamin Krauthan, »die bedeutend die Landschaft charakterisieren.« Dazu zählen die Wälder, insbesondere die Hutewälder. Die sogenannten Hutungen, also magere Wiesen mit seltenen Arten, die häufig durch Schäferei beweidet und damit gepflegt werden. Die Quellen und Gewässer, wozu die Quellgebiete von Altmühl, Rezat, Zenn, Mittlere Aurach und einige kleinere Bäche zählen. Und die Streuobstwiesen, von denen die um Burgbernheim besonders bedeutend und überregional bekannt sind.

Außerdem gibt es diverse Naturschutzprojekte für Tiere, beispielsweise für den Laubfrosch oder die Gelbbauchunke. Auch der aufgeweckte Eisvogel ist an Tauber und Schandtauber anzutreffen, da seine Brutstätten in den Uferwänden geschützt werden. In Griechenland gibt es den Mythos von Alkyon, deren Namen an den Eisvogel angelehnt ist. Nach dem tödlichen Schiffbruch ihres Gatten Ceyx, Sohn des Hesperus, stürzt sie sich aus Liebe ins Meer. Die Götter verwandelten sie daraufhin aus Mitleid in Eisvögel, Halkyone genannt. Das Weibchen brütet ihre Jungen auf dem Meer aus, an sieben Tagen im Dezember um die Wintersonnenwende. Halkyonische Tage nennen die Seefahrer diese Tage der Windstille auf dem griechischen Meer, an denen nach Nietzsche Seelenruhe herrscht.

Adresse Geschäftstelle: Naturpark Frankenhöhe, Am Kirchberg 4, 91598 Colmberg | **Tipp** Sehen Sie sich das Jahresprogramm des Naturparks an und melden Sie sich zu einem der tollen Angebote an. Nähere Infos finden Sie unter www.naturpark-frankenhoehe.de.

WINDELSBACH-NORDENBERG

106 Die Old West Ranch
Abenteuer und Freiheit auf der Frankenhöhe

Wenn man vor dem Salon steht, rechnet man jeden Moment damit, dass John Wayne gleich um die Ecke galoppiert kommt, vom Sattel springt, sich mit einem Taschentuch über die gebräunte, verstaubte Stirn wischt und mit tiefer Stimme sagt: »Mut ist, wenn man Todesangst hat, aber sich trotzdem in den Sattel schwingt.« Dann gilt es seinen inneren Schweinehund zu überwinden und sich auf eines der Pferde in den nahe gelegenen Ställen zu schwingen. Aber nicht, bevor man sie gesattelt und das Zaumzeug angelegt hat.

»Die Old West Ranch ist für viele ein Ort, um runterzukommen, abzuschalten, hier am Waldrand, fernab des Alltagstresses«, sagt Thomas Hirsch, der Besitzer des Western-Gutes, und lächelt zufrieden. Als seine Frau und er vor Jahren die Idee hatten, Haus und Grundstück in den Wilden Westen zu verlegen, der hier gezähmt und friedlich rüberkommt, ahnten sie bereits, damit den Nerv der Zeit zu treffen. Wer träumte als Kind nicht davon, einmal auf einem Pferd durch die Prärie zu reiten, Abenteuer und Freiheit zu schmecken? Zwar gibt es hier in Windelsbach keine Prärie, dafür aber den lediglich einen Steinwurf entfernt gelegenen Wald und die beeindruckende Frankenhöhe. Nach dem Ausritt kann man die Pferde striegeln, ihnen Stroh und Heu geben und den Stall ausmisten. Außerdem bietet die Ranch regelmäßig »Rinderkurse« an, bei denen reiterliches Können, Zusammenspiel von Pferd und Reiter und das Lesen der Rinder erprobt und verfeinert werden können.

Und was gibt es nach einem Tag voller Abenteuer Besseres, als von der Terrasse des komfortablen Cowboy Cottages, auf der mexikanischen Sommerterrasse oder von den rustikalen Westernhütten aus den Sonnenuntergang mit einem selbst mitgebrachten Whiskey oder einer Limo zu bewundern? Also auf geht's zu einem sommerlichen Ritt im Wilden Westen, zu Pferden, gemeinsamem BBQ und westernhafter Ruhe in stilvoller Umgebung – gut, dass diese nicht durch Countrymusik gestört wird.

Adresse Am Waldschwimmbad 2, 91635 Windelsbach | **Anfahrt** Mit dem Auto oder Rad: Ab Rothenburg ob der Tauber Richtung Schweinsdorf gelangt man unmittelbar nach Nordenberg. | **Tipp** Falls Sie die Old West Ranch in den Sommermonaten besuchen möchten, sollten Sie frühzeitig buchen. Die Hütten sind sowohl bei Greenhorns als auch bei gestandenen Cowboys und Cowgirls heiß begehrt (www.old-west-ranch.de).

WINDELSBACH-NORDENBERG

107_Der Zeltplatz Nepermuk
Unter Freunden

Schon wenn man von der Straße abbiegt, am Wasserspielplatz vorbeifährt und neben dem Nepermuk parkt, spürt man, dass hier die Uhren noch ein wenig anders ticken. An der kreisrunden Bar sitzt man gemütlich bei Bier und Kaffee, und an der gegenüberliegenden Seeterrasse mit Biergarten lässt es sich bei Eis und Pommes selbst in der brütenden Sommerhitze aushalten. Versprochen, es dauert keine fünf Minuten, bis man mit den sympathischen Wirtsleuten des Waldschwimmbades per Du ist. Und am Sonntag gibt es einen preisgünstigen Mittagstisch.

Dazwischen befindet sich eine kleine Bühne, auf der regelmäßig weniger bekannte Bands und Promis das Wasser samt Publikum zum Vibrieren bringen. Egal, ob die Country-Tage mit Travis Trutti & Band aus Neodesha in Kansas im Wald die Grizzlybären tanzen lassen oder ein schneller Abend mit den Punkrocklegenden von Normahl auf dem Programm steht, bei denen es heißt, »Kein Bier vor vier« – was vermutlich im Nepermuk aber ohnehin eher selten der Fall sein dürfte. Dafür wird es feuchtfröhlich werden, wenn zu später Stunde im garantiert chlorfreien Wasser des Naturschwimmbades weiter getanzt wird, mit dem versprochenen Bier, einer Bratwurst oder »Drei im Weggla«, wie die Bratwürste im Brötchen auch auf der Frankenhöhe heißen. Wer allerdings Probleme mit einer Badestelle hat, deren Wasser durchaus natürliche Elemente wie grünen Bodenbelag oder Wasserläufer aufweist, dem sei ein chlorhaltiges Schwimmbad empfohlen.

Ansonsten ist das Nepermuk ein Ort der Ruhe, bei dem es keine Animation oder Rutschen gibt. Trotzdem muss keine Langeweile einkehren, denn beim Beachvolleyball kann man sich austoben. Der Camping- und Zeltplatz Naturbadestelle Nepermuk ist ein Geheimtipp, wo man am Abend, abseits von Lärm und Hektik der Welt, am knisternden Lagerfeuer den Tag gemütlich ausklingen lässt und wieder zu sich findet.

Adresse Am Waldschwimmbad 1, 91635 Windelsbach | **Anfahrt** Mit dem Auto oder Rad: Ab Rothenburg ob der Tauber Richtung Schweinsdorf gelangt man unmittelbar nach Nordenberg. | **Öffnungszeiten** Juni–Sep. Di–Sa 16–22 Uhr, So 11–22 Uhr; Okt.–Mai Fr–Sa 16–22 Uhr, So 11–22 Uhr; Aktuelles: www.nepermuk.com | **Tipp** Gleich ums Eck startet der Barfuß- und Naturerlebnispfad am Parkplatz des Nepermuk. Auf 30 Stationen geht es am und im Wald darum, die Sinne zu spüren.

WOLFSAU

108 Der Drechselstein
Ermordet von einem Wilderer!?

Ein Uhu ruft. Eine schwarze Wolke schiebt sich vor den weißen Vollmond. Es raschelt im Gebüsch. Zwischen Eichenblättern versteckt sich ein Kerl mit einem rußgeschwärzten Gesicht. Er nimmt die Flinte von den Schultern. Visiert den Rehbock an. Da knackst ein Ast im Gehölz. Er wendet sich um. Sieht den Jägerhut. Entsichert die Flinte. Atmet ein. Und richtet sie auf den Kopf des Jägers. Ein Schuss ertönt. Der Jäger fällt vom Hochsitz.

So oder so ähnlich könnte sich die Geschichte in der Nacht auf den 1. September 1934 oberhalb Wolfsau zugetragen haben. Der Jäger ist Steuerinspektor Wilhelm Drechsel. Er verbrachte im nur wenige Kilometer entfernten Wachsenberg seinen Urlaub und brach mit seinem Kleinwagen zur Jagd in den Wald zwischen Diebach, Faulenberg und Wolfsau auf. Den Wagen stellte er unweit des Waldrandes ab.

Als Drechsel nach zwei Tagen immer noch nicht in sein Urlaubsquartier zurückkehrt war, wurde sein Jagdmitpächter und Gastwirt Georg Autum misstrauisch. Er machte sich auf die Suche nach seinem Jagdkollegen und fand seinen Jagdgenossen zwei Tage später mit Schädelbruch und schweren Gehirnverletzungen unter einem Hochsitz. Drechsel wurde sofort ins Krankenhaus gebracht, doch das Bewusstsein erlangte er nie wieder. Am 4. September, drei Tage später, verstarb er dann im Rothenburger Krankenhaus.

Der ledige Drechsel war ein vielseitig tätiger Mann. Neben seiner Arbeit als Jäger und Steuerinspektor engagierte er sich als Schriftführer des Vereins für Heimatkunde und Naturschutz Rothenburg ob der Tauber. Im Andenken an sein Wirken ließen ihm ehemalige Kollegen diese Steinstele aus Blasensandstein am Übergang des Forsts oberhalb Wolfsau Richtung Faulenberg und Diebach aufstellen. Auf der Rückseite ist in Frakturschrift eingemeißelt zu lesen: »Verunglückt hier.« Bis heute wurde die Todesursache nicht geklärt.

Adresse 91583 Diebach-Wolfsau | **ÖPNV** Bus 807 (Richtung Rothenburg ob der Tauber) bis Diebach; Fußweg circa 2,5 Kilometer nach Osten. Folgen Sie ab Wolfsau dem Wappen-Wanderweg »Krone«. | **Anfahrt** von der A 7 Ausfahrt Rothenburg (von Süden) oder Wörnitz (von Norden), von der A 6 Ausfahrt Dorfgütingen | **Tipp** Wandern Sie den Wappenwanderweg »Krone« entlang zum Drechselstein. Karte hier: www.diebach.de/fileadmin/Dateien_Diebach/Dateien/Wappen-Wanderkarte_Diebach.pdf

WOLFSAU

109 — Das Jagdschloss
Französische Revolution auf der Frankenhöhe

Die wechselvolle Geschichte sieht man dem Jagdschloss keineswegs an. Von seinem zurückgezogen lebenden Besitzer weiß man, dass er aus Altbayern stammt, was in Franken an sich schon einen Makel darstellt, seitdem Napoleon es nach Bayern zwangseingemeindet hat. Auch heute sollte man es deshalb noch tunlichst vermeiden, bei Bayern von Franken zu sprechen.

Im Jahre 1363 gründete sich die Pfarrei Diebach, wozu auch das dem Edelknecht Ulbrecht Veltbrecherer gehörende Wolfsau zählte. Drei Jahre später veräußerte er seinen »buhoffe, genannt Wolfsawe, gelegen zwischen dem Dyebach, Bokenfelt und dem Fulenberge«, an Frau Irmgard Gräfin zu Nassau, die Tochter des Grafen Kraft zu Hohenlohe. Die Ortschaft wechselte die nächsten Jahrhunderte mehrfach ihre Gutsherren und ging im April 1690 schließlich an die Brüder Frank aus Bartenstein, die 1744 die Grafen Bartenstein wurden. 1700 bauten sie das Jagdschloss in dem Dorf, das von da an vom Jäger bewohnt und regelmäßiger Jagdsitz für die Herrschaften war.

Als die Französische Revolution 1792 die Herrschaftsverhältnisse in Frankreich umkrempelte und nicht mehr nur die Adeligen das Sagen hatten, sondern alle Menschen ein Mitspracherecht erhielten, öffneten die preußischen Fürstentümer in Franken die Grenzen. Und so fand der französisch-katholische Klerus auch im Jagdschloss Unterschlupf und gründete dort ein Priesterseminar, in dem die Kleriker von 1796 bis 1814 lebten und wirkten. Am 30. Januar 1807 wurde »Das religiose Etablissmente zu Wolfsau« aktenkundig und vom Rothenburger Polizeidirektor unter die Lupe genommen: »Die Anzahl der Schüler soll dermalen in fünfzehn bestehen, welche in völliger Abgeschiedenheit und nach den strengsten Regeln, beynahe den Statuten des berüchtigen Ordens la Trappe gleichkommen, erzogen werden …« Nach einigem Hin und Her musste das Institut aufgelöst werden, woraufhin Priester und Schüler am 1. Oktober 1814 abreisten. Auch heute noch ist das Jagdschloss hübsch anzusehen.

Adresse 91583 Diebach-Wolfsau. Das Grundstück des Jagdschlosses befindet sich in Privatbesitz und darf nur von außen bestaunt werden. | **ÖPNV** Bus 807 (Richtung Rothenburg) bis Diebach. Fußweg circa 2,5 Kilometer nach Osten. Folgen Sie ab Wolfsau dem Wappen-Wanderweg »Krone« (Karte hier: www.diebach.de/fileadmin/Dateien_Diebach/Dateien/Wappen-Wanderkarte_Diebach.pdf) | **Anfahrt** A7 (circa sechs Kilometer), Ausfahrt Rothenburg (von Süden) oder Wörnitz (von Norden) abfahren oder via A6 Ausfahrt Dorfgütingen | **Tipp** Wandern Sie zum oberhalb von Wolfsau gelegenen Eichenwald und bestaunen Sie diesen einzigartigen, zusammenhängenden Eichenwald.

110 — Das Waldklassenzimmer
Lernen in der freien Natur

Viele von uns erinnern sich mit einem gewissen Unbehagen an ihre eigene Schulzeit zurück, inmitten von harten Papierkugeln schießender Mitschüler, in stickiger, von Kreidegeruch getränkter Luft im engen Klassenzimmer. Und dazu ein verstaubter, in monotoner Stimme Frontalunterricht haltender »Herr Lehrer«. Auch wenn es anderen glücklicherweise nicht so ergangen sein mag, das Waldklassenzimmer in Wörnitz unter freiem Himmel ist eine wahre Wohltat. Zwar ist dort noch der Lärm der Straße zu hören, aber den vergisst man schnell, wenn man sich auf die gestellten Aufgaben dieses unkonventionellen Lernortes einlässt.

Gleich zu Beginn kann man prüfen, mit welchem Tier man es im Weitsprung aufnehmen kann. Neben einer Sandgrube aufgestellte Schilder verraten einem, ob man sechs Meter springt wie ein Reh oder eher vier Meter wie ein Eichhörnchen. Bei Regen bietet eine spartanische »Schutzhütte am Heinerberg« ein trockenes Plätzchen, oder man rettet sich gleich durch das rustikale hölzerne Tor mit dem Willkommensschild »Waldklassenzimmer Wörnitz 2017« unter das Blätterdach des nahen Laubwaldes. Dort sind auch weitere Informationstafeln und Beispiele zu finden.

So informiert eine Tafel über die Struktur des Bodens und zeigt »ein Bodenprofil am Heinerberg«. Daneben ist der Boden aufgeschaufelt, damit man sein erlerntes Wissen gleich praktisch erproben kann. An anderer Stelle erfahren wir etwas über das Reich der wirbellosen Insekten, was für jeden Besucher den einen oder anderen Aha-Moment bieten dürfte. Oder wussten Sie, dass der fünf Zentimeter große Nachtfalter namens »Blaues Ordensband« sich tagsüber an der Eichenrinde versteckt und wenn er entdeckt wird, seine Vorderflügel zusammenklappt und den Angreifer mit blau gefleckten Hinterflügeln zu erschrecken versucht? Wir werden hingegen vermutlich eher von dessen Anmut verzückt sein – genau wie von einem Klassenzimmer im Freien, in dem es nach Laub und Natur duftet.

Adresse Heinerberg/Bastenauer Straße, 91637 Wörnitz | **Anfahrt** A 7, Ausfahrt Wörnitz – im Gewerbegebiet rechts in die Bastenauer Straße, circa einen Kilometer nach der Autobahnunterführung | **Öffnungszeiten** ganzjährig geöffnet | **Tipp** Mit einer ganzen Schar Jugendlicher oder Kinder auf dem Jugendzeltplatz »Am Heinerberg« zelten und das Waldklassenzimmer und dessen Umgebung aufsaugen.

111 Die Wüstung
Verschwundene Siedlung im Zenngrund

Man kann die Mönche förmlich zwischen der Kapelle und dem Friedhof hin- und herwandern sehen, andere holen Wasser vom Brunnen oder tragen auf dem Feld geerntetes Gemüse ins Haus. Denn die einstige Siedlung Zennhausen findet sich bereit 779 als »Temhusen« in den Unterlagen und im Besitz des Klosters Lorsch. Damit entstand es vor weiteren im Zenngrund ansässigen karolingischen Siedlungen wie Obernzenn, die von 830 bis 850 dort errichtet worden waren.

In der Zeit der Frankenkönige schoben sich die weltlichen und geistlichen Herren die Macht zu, der Klerus und die Feudalherren wurden zahlreicher, feister und reicher, die Bauern und einfachen Leute hingegen ärmer, hungriger und abhängiger. Zennhausen wurde ab 1138 Eigentum des Zisterzienserklosters Heilsbronn und ist danach, mit Ausnahme der Kapelle, überhaupt nicht mehr in den Archiven verzeichnet. Tatsächlich führte der »Zennhäuser Weg« aus dem benachbarten Markt Erlbach in die Wüstung. 1998 entdeckten dort ehrenamtliche Denkmalpfleger Teile von gebrochenen Ziegeln und Gefäßscherben aus dem Spätmittelalter und im Jahr darauf von Ziegelbrennöfen. Und wieder führte eine Straße, nämlich die Ortsumgehung von Neuhof an der Zenn, zu weiteren Häuserresten der Siedlung: zu den Grundmauern der Kapelle und zum Friedhof, zu einem Steinhaus und zu zwei Brunnen. Archäologen nehmen an, dass der gesamte zur Zenn abfallende Hang einst bevölkert war, da etliche Funde entdeckt wurden, datiert zwischen 1150 und 1550, worunter auch besondere Schmankerl waren, wie ein Schatz von 50 Silbermünzen, ein bronzener Fingerring und ein Reitersporn.

Die Ausgrabung ist immer zugänglich, es empfiehlt sich aber, sie bei Tageslicht zu besichtigen, dann entfaltet sie ihre ganze Schönheit. Dann kann man zwischen den einstigen Kloster-, Kirchen- und Wohnhausmauern umherspazieren und den nebenan weidenden Kühen dabei zusehen, wie sie das Gras jäten.

Adresse Wüstung Zennhausen, Staatsstraße St2413, 90616 Neuhof an der Zenn | **Anfahrt** an der St 2413 von Wilhermsdorf kommend Richtung Neuhof an der Zenn auf der linken Seite | **Tipp** Wer sich die Funde aus der Nähe ansehen möchte, der kann dies im Rathaus von Neuhof an der Zenn tun, dort sind sie ausgestellt.

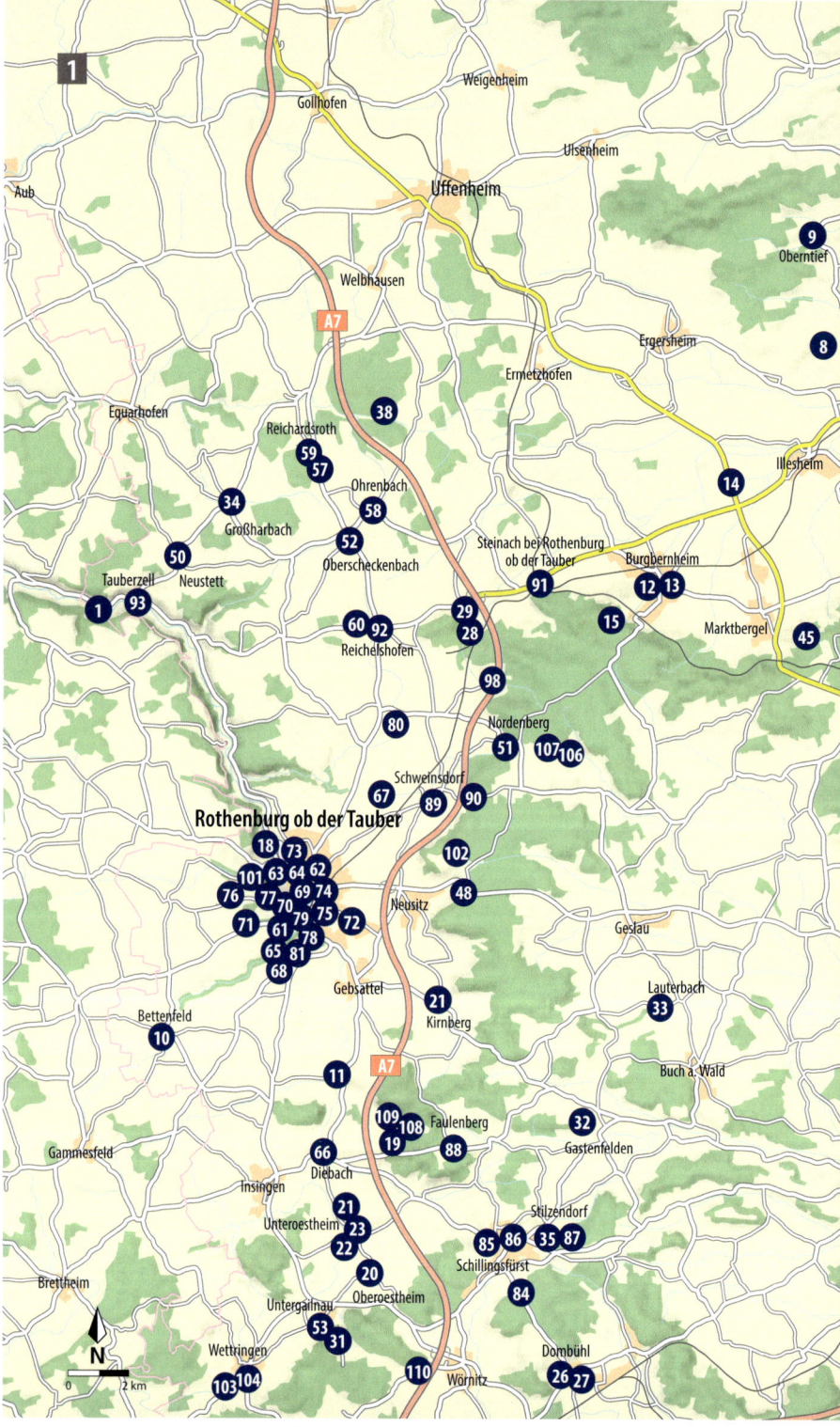

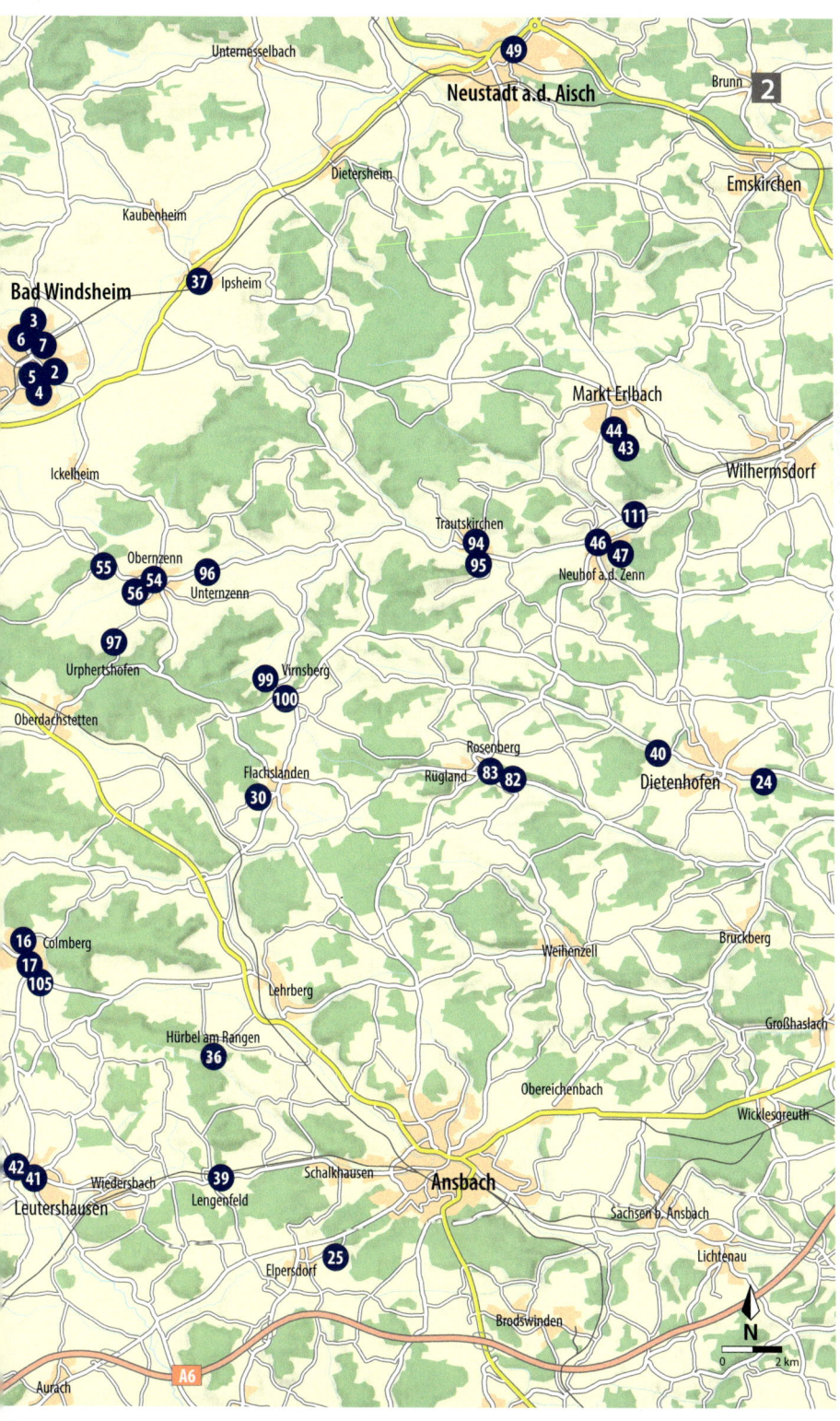

Annabelle Fagner
111 Orte im Loisachtal, die man gesehen haben muss
ISBN 978-3-7408-1683-4

Jo Seuß
111 Orte rund um Nürnberg, die man gesehen haben muss
ISBN 978-3-7408-1730-5

Ranka Keser
111 Orte in der Hallertau, die man gesehen haben muss
ISBN 978-3-7408-1379-6

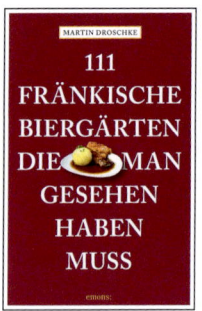

Martin Droschke
111 fränkische Biergärten, die man gesehen haben muss
ISBN 978-3-7408-1956-9

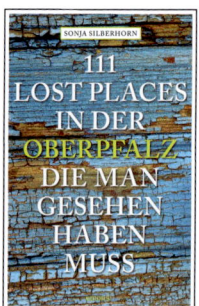

Sonja Silberhorn
111 Lost Places in der Oberpfalz, die man gesehen haben muss
ISBN 978-3-7408-1957-6

Martin Droschke, Norbert Krines
111 Fränkische Biere, die man getrunken haben muss
ISBN 978-3-7408-1835-7

Gregor Nagler
111 Orte in Augsburg, die man gesehen haben muss
ISBN 978-3-7408-1782-4

Michael Horling
111 Orte in und um Schweinfurt, die man gesehen haben muss
ISBN 978-3-7408-1302-4

Martin Droschke
111 Kirchen in der Oberpfalz, die man gesehen haben muss
ISBN 978-3-7408-1629-2

Marko Roeske
**111 Orte im Bayerischen Wald,
die man gesehen haben muss**
ISBN 978-3-7408-1690-2

Jochen Reiss
**111 Orte im Fünfseenland,
die man gesehen haben muss**
ISBN 978-3-7408-1777-0

Astrid Süßmuth
**111 Almen und Hütten
in Oberbayern, die man
gesehen haben muss**
ISBN 978-3-7408-1751-0

Evelyn Pschak von Rebay
**111 Mal sauguad
essen in München**
ISBN 978-3-7408-1354-3

Martin Droschke
**111 Kirchen in Franken, die
man gesehen haben muss**
ISBN 978-3-7408-1468-7

Dorothea Steinbacher
**111 Orte im Chiemgau und
im Rupertiwinkel, die man
gesehen haben muss**
ISBN 978-3-7408-1654-4

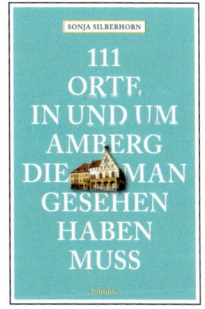

Sonja Silberhorn
**111 Orte in und um Amberg,
die man gesehen haben muss**
ISBN 978-3-7408-1463-2

Christian Gehl
**111 Badeplätze in und
um München, die man
kennen muss**
ISBN 978-3-7408-1423-6

Dorothea Steinbacher
**111 Wallfahrtsorte in
Oberbayern, die man
gesehen haben muss**
ISBN 978-3-7408-1284-3

Reiner Vogel
111 Orte in Niederbayern, die man gesehen haben muss
ISBN 978-3-7408-1545-5

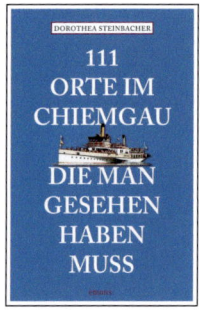

Dorothea Steinbacher
111 Orte im Chiemgau, die man gesehen haben muss
ISBN 978-3-7408-1604-9

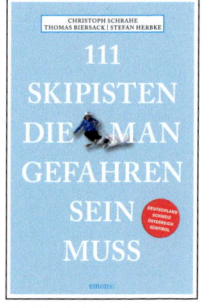

Christoph Schrahe, Stefan Herbke, Thomas Biersack
111 Skipisten, die man gefahren sein muss
ISBN 978-3-7408-1600-1

Rüdiger Liedtke
111 Orte in München, die man gesehen haben muss, Band 1
ISBN 978-3-7408-1298-0

Rüdiger Liedtke
111 Orte in München, die man gesehen haben muss, Band 2
ISBN 978-3-7408-1514-1

Rüdiger Liedtke
111 Münchner Meisterwerke, die man gesehen haben muss
ISBN 978-3-7408-1297-3

Gertrud Steiger, Joachim Steiger
111 Orte im Odenwald, Spessart und an der Bergstraße, die man gesehen haben muss
ISBN 978-3-7408-1512-7

Bernhard Horsinka, Renate Bugyi-Ollert
111 Orte in und um Würzburg die man gesehen haben muss
ISBN 978-3-7408-1343-7

Richard Auer, Gerhard von Kapff
111 Orte im Altmühltal und in Ingolstadt, die man gesehen haben muss
ISBN 978-3-7408-1472-4

Dietmar Bruckner,
Michaela Moritz
111 Orte in der Fränkischen Schweiz, die man gesehen haben muss
ISBN 978-3-7408-1089-4

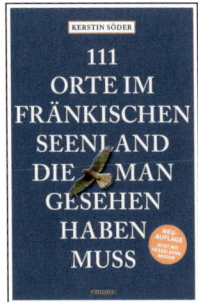

Kerstin Söder
111 Orte im Fränkischen Seenland, die man gesehen haben muss
ISBN 978-3-7408-1072-6

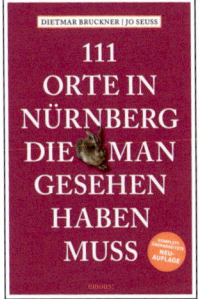

Dietmar Bruckner, Jo Seuß
111 Orte in Nürnberg, die man gesehen haben muss
ISBN 978-3-7408-1019-1

Cornelia Ziegler
111 Orte im Allgäu, die man gesehen haben muss
ISBN 978-3-7408-1278-2

Sabine Becht, Sven Talaron
111 Orte in und um Bamberg, die man gesehen haben muss
ISBN 978-3-7408-1186-0

Werner Schwanfelder
111 Orte in Mittelfranken, die man gesehen haben muss
ISBN 978-3-7408-1171-6

Erwin Ulmer
111 Orte in Oberschwaben, die man gesehen haben muss
ISBN 978-3-7408-0860-0

Christine Hochreiter
111 Orte in und um Passau, die man gesehen haben muss
ISBN 978-3-7408-0733-7

Bernd Schinner
111 Orte im Fichtelgebirge, die man gesehen haben muss
ISBN 978-3-7408-0741-2

Jo Seuss
111 Orte in Fürth & Erlangen,
die man gesehen haben muss
ISBN 978-3-7408-0724-5

Cornelia Ziegler
111 Orte rund um München,
die man gesehen haben muss
ISBN 978-3-7408-0437-4

Reiner Vogel
111 Orte in Regensburg, die
man gesehen haben muss
ISBN 978-3-95451-054-2

Eva Kroetz
111 Orte im Oberpfälzer Wald,
die man gesehen haben muss
ISBN 978-3-7408-0331-5

Astrid Süßmuth
111 Spukorte in und um
München, die man gesehen
haben muss
ISBN 978-3-7408-0336-0

Julia Lorenzer, Fabian Marcher
111 Orte in Rosenheim
und im Inntal, die man
gesehen haben muss
ISBN 978-3-95451-735-0

Oliver Ultsch
111 Orte in und um Coburg,
die man gesehen haben muss
ISBN 978-3-95451-923-1

Lisa Graf-Riemann,
Ottmar Neuburger
111 Orte vom Wilden Kaiser
bis zum Dachstein, die man
gesehen haben muss
ISBN 978-3-7408-0138-0

Astrid Süßmuth
111 Orte im Werdenfelser Land,
die man gesehen haben muss
ISBN 978-3-7408-0118-2

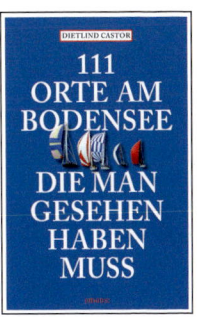

Dietlind Castor
111 Orte am Bodensee, die man gesehen haben muss
ISBN 978-3-7408-1781-7

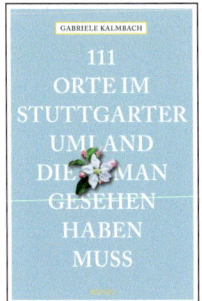

Gabriele Kalmbach
111 Orte im Stuttgarter Umland, die man gesehen haben muss
ISBN 978-3-7408-1651-3

Gabriele Kalmbach
111 Orte in Stuttgart, die man gesehen haben muss
ISBN 978-3-7408-0974-4

Matz Kastning, Stefanie Knebel
111 Orte in Konstanz, die man gesehen haben muss
ISBN 978-3-7408-1207-2

Erwin Ulmer
111 Orte in Ulm um Ulm und um Ulm herum, die man gesehen haben muss
ISBN 978-3-7408-1482-3

Barbara Goerlich
111 Orte auf der schwäbischen Alb, die man gesehen haben muss
ISBN 978-3-7408-1303-1

Kirsten Elsner-Schichor
111 Orte in Karlsruhe, die man gesehen haben muss
ISBN 978-3-7408-1804-3

Erwin Ulmer
111 Orte an der oberen Donau, die man gesehen haben muss
ISBN 978-3-95451-494-6

Cornelia Ziegler
111 Orte im Allgäu, die man gesehen haben muss
ISBN 978-3-7408-1278-2

Wir danken allen, die uns bei der Arbeit am Buch unterstützt haben.

Leonhard F. Seidl, geboren 1976 in München, ist Schriftsteller, Herausgeber, Journalist und Dozent für Kreatives Schreiben und Vorsitzender des Schriftsteller:innen-Verbandes Mittelfranken. Er ist Autor von sechs Romanen, unter anderem des Schelmenromans »Der falsche Schah«, den er im Naturpark Frankenhöhe verfasst hat.

Heinz Wraneschitz, geboren 1958 in Lichtenberg/Ofr., studierter Energietechnik-Ingenieur, arbeitet als Bild- und Text-Journalist für Tages-, Wochen-, Fachzeitschriften sowie online.